위험한 기도

Originally published in English under the title

### *Dangerous Prayers*

by Craig Groeschel

ⓒ 2020 by Craig Groeschel

Published by arrangement with Zondervan Corporation L.L.C.,
a subsidiary of HarperCollins Christian Publishing, Inc.
through rMaeng2, Seoul, Republic of Korea

All rights reserved.

This Korean Edition ⓒ 2021 by Kyujang Publishing Company

# DANGEROUS PRAYERS

예수님을 따르는 것은 결코 안전한 길이 아니다 | 크레이그 그로쉘

# 위험한 기도

규장

편안한 기도에서 담대하고 믿음 충만한 기도로 나아가는 것은 저절로 되지 않는다. 나는 크레이그가 우리를 가르치고, 앞으로 나아가도록 권고하고, 우리가 늘 원하던 기도 생활을 어떻게 할 수 있는지 본을 보이는 것이 참 좋다. 기도는 언제나 우리가 원하는 것을 얻기 위한 것이 아니다. 그것은 하나님의 마음에 더 가까워지고 그다음에 일어날 모든 일을 진실로 그분께 맡기는 것이다.

리사 터커스트 뉴욕타임즈 베스트셀러 작가, Proverbs 31 Ministries 대표

그리스도인의 삶은 결코 안전한 삶으로 의도된 것이 아니었다. 그러나 너무나 자주 우리는 위험보다 안락함에 안주하고 그 과정에서 우리의 목적을 버린다. 크레이그 목사는 우리에게 그 모든 것을 하나님께 맡기고 하나님이 주신 목적 안에서 행하며 위험한 삶을 살기 위해 믿음을 구축하도록 도전한다.

크리스틴 케인 베스트셀러 작가, A21과 Propel Women 설립자

기도에 있어서 우리가 어떻게든 피해야 하는 잘못이 있다면, 그것은 너무 안전하게 기도하는 것이다. 이 책에서 나의 친구이자 목사인 크레이그 그로쉘은 당신에게 불확실성을 받아들이고 좀더 과감하고 성취감을 주는 기도 생활을 하도록 도전할 것이다.

스티븐 퍼틱 뉴욕타임즈 베스트셀러 작가, Elevation Church 목사

크레이그 목사가 너무도 훌륭하게 설명하는 방식으로 기도에 힘쓰는 것은 세상을 변화시키고 동시에 당신을 변화시킬 기도에 힘쓰는 것이다. 이 책은 심오하고 예언적이며, 그래서 매우 유익하다.

제퍼슨 베스키 《종교는 싫지만 예수님은 사랑하는 이유》 저자

이 책은 당신의 진부하고 안전한 기도 생활을 위험과 흥미로 가득한 기도 생활로 바꾸도록 도전할 것이다. 진실하고 강한 돌풍 같은 기도, 마음뿐만 아니라 우리의 세상도 변화시키는 위험한 기도를 드리는 법을 발견하라.

리사 비비어 《자존감》 저자

당신의 기도 생활에 힘이 필요하다면 당신은 이 강력하고 새로운 책을 즐기게 될 것이다. 그것은 당신의 믿음을 세워주고, 하나님과 동행하는 삶을 더 강화해주며, 위험하게 기도하는 법을 당신에게 가르쳐줄 것이다.

마크 배터슨 《써클메이커》《올인》 저자, National Community Church 담임목사

크레이그 그로쉘은 우리의 기도들이 더 커질 필요가 있다고 확신한다. 《위험한 기도》에서 그는 그 이유와 방법을 말해준다. 마음으로 받아들인다면, 이 책은 당신의 기도 방법뿐만 아니라 세상을 바라보는 관점과 세상 속에서 하나님께서 행하시는 일들을 바라보는 관점까지 철저히 변화시킬 잠재력을 갖고 있다. 고마워요, 크레이그!

앤디 스탠리 작가, 커뮤니케이터, North Point Ministries 설립자

이 책에서 당신은 단지 천장에 부딪혀 튕겨 나가는 듯한 더 많은 기도들에 이끌리지 않는 것을 느낄 것이다. 대신 당신은 자기 자신과 당신이 사랑하는 사람들, 그리고 하나님이 사랑하시는 사람들, 즉 모든 사람을 변화시킬 힘을 가진 위험한 기도들을 하도록 초대받았다.

밥 고프 《사랑으로 변한다》《모두를, 언제나》 저자

이것은 당신이 더 많이 기도하지 않은 것에 죄책감과 부끄러움을 남겨줄, 기도의 실천에 관한 또 한 권의 달콤한 책이 아니다. 반대로, 우리가 살아 계신 하나님과 진심으로 대화할 때 일어나는 일들에 관한 것이다. 그리고 그것은 아름답고 놀랍도록 위험할 수 있다.

유다 스미스 Churchome 담임목사

추천사

프롤로그

# PART 1 나를 살피소서

| 1장 | 나를 살피소서 | 26 |
| 2장 | 진실게임 | 31 |
| 3장 | 당신의 마음 상태 | 36 |
| 4장 | 어려운 선택 | 42 |
| 5장 | 나의 두려움을 드러내소서 | 48 |
| 6장 | 나의 죄들을 드러내소서 | 56 |
| 7장 | 나를 인도하소서 | 70 |

# PART 2 나를 깨뜨리소서

| 8장 | 나를 깨뜨리소서 | 80 |
| 9장 | 환상을 깨라 | 84 |
| 10장 | 나를 깨뜨리지 말아주세요 | 89 |
| 11장 | 깨어짐과 쏟아짐 | 93 |
| 12장 | 떡을 떼는 것 | 99 |
| 13장 | 깜짝 장난감 상자 | 106 |
| 14장 | 내리막길 | 110 |
| 15장 | 부서짐으로 인한 연합 | 113 |
| 16장 | 부서짐으로 인한 축복 | 118 |

## PART **3** **나를 보내소서**

| | | |
|---|---|---|
| 17장 | 나를 보내소서 | 130 |
| 18장 | 하나님이 부르실 때, 응답하라 | 135 |
| 19장 | 하나님께 영광을 | 144 |
| 20장 | 은혜로 구원받은 죄인 | 153 |
| 21장 | 매일의 양식 | 164 |
| 22장 | 한 가지 믿음의 행위 | 172 |
| 23장 | 주님의 뜻을 이루소서 | 177 |
| 24장 | 질문이 무엇입니까? | 183 |

에필로그

토론 질문

오늘 위험한 기도를 드리라

# 당신의 기도가 위험해져야 하는 이유

"이봐, 크레이그, 넌 하나님이 지금도 기적들을 일으키신다고 믿니?"

"물론이지"라고 나는 대답했다.

"다행이네. 네 기도들은 다 시시해서 말이야."

나는 그와 함께 웃고 싶었지만, 내 친구의 농담이 아프게 들렸다. 무엇보다 그의 말이 옳았기 때문이다.

내가 목회 사역을 시작했을 때 우리는 함께 기도회를 마치고 나왔다. 내 친구는 나를 잘 알았기에 그렇게 놀린 거였으나, 나는 또한 그가 제대로 지적하고 있다는 생각이 들었다. 말문이 막힌 채, 나는 그의 말에 담긴 진실을 생각하며 어떠한 방어도 하지 않았다. 내가 이미 알고 있었으나 인정하고 싶지 않았던 비밀을 그가 말했다는 것을 부인할 수 없었다. 그것은 내 기도들이 무기력하다는 사실이었다.

당시 젊은 목사로서 나는 기도를 잘 이해하고 있어야만 했다. 그것은 설교와 예배 후 사람들과 인사를 나누는 것처럼 내가 마스터했어야 할 직무 중 하나였다. 하지만 내가 볼 수 없는 하나님께 길게, 집중해서, 유창하게, 능력 있는 기도를 드린다는 것은 언제나 나에게 도전적인 일이었다. 나는 킹제임스성경의 문체로 기도하는 것이 마치 셰익스피어 극을 연기하려는 것처럼 불편하다. 그렇더라도 나는 우주를 창조하시고 지탱하시는 분과 친한 친구처럼 그저 한담을 나누며 장황하게 이야기하는 것에 만족하지 않았다.

기도할 때도 오래 집중하기가 어려워서 다음번에는 더 열심히 노력하려 했지만 내가 아무리 열심히 노력해도 언제나 똑같은 틀에 박힌 기도로 돌아가는 듯했다. 나는 늘 같은 것들에 대해 기도했다. 같은 방식으로. 대체로 같은 시간 동안.

돌아보면, 때때로 하나님이 내 기도에 질리지 않으셨을까 궁금했다. 내가 "주여, 여행 중에 우리에게 자비를 베푸시고 안전하게 지켜주옵소서"라고 기도하면 하나님이 "뭐가 걱정이냐? 그냥 제한 속도로 주행하고 안전벨트를 잘 매면 된다. 아무 일 없을 거다"라고 말씀하시는 것을 상상할 수 있었다. 내가 "하나님, 우리의 양식을 축복하여 주옵소서"라고 기도할 때는 하나님이 아마도 이렇게 말씀하실 것 같았다.

"정말? 넌 내가 상자에 담긴 마카로니와 치즈와 포테이토 칩을 축복해주길 원하느냐?"

## 틀에 박힌 기도로는 친밀한 대화로 나아가지 못한다

성경을 더 연구하면서, 나는 하나님의 사람들이 드린 기도의 다양성에 놀랐다. 그들은 예를 들면 아기를 갖는 일처럼 정말 개인적인 일들에 대해 기도했을 뿐 아니라(삼상 1:27), 그들의 기도는 종종 매우 실제적이었다.

이를테면 일용할 양식을 구하고(마 6:11) 원수들을 피하게 해달라고 기도했다(시 59:1,2). 때로는 사랑하는 하나님께 부드럽게 속삭이는 듯했고, 어떤 때는 고통과 절망 속에서 하나님께 소리치기도 했다.

그들은 종종 진심으로 하나님께 탄원했고 나중에는 깊은 고통 가운데 부르짖으며 부모의 품 안에서 몸부림치는 아이처럼 하나님께 투정을 부렸다. 그들은 자신들의 믿음을 나눌 담대함을 달라고 기도했다. 내적으로, 또 외적으로 무너져야 할 벽들을 위해 기도했다.

다니엘은 굶주린 사자들의 입을 닫아달라고 기도했고, 요나는 배고픈 고래의 배를 열어달라고 기도했다. 기드온은 자기의 양털이 하루는 젖어 있고 하루는 말라 있게 해달라고 기도했다. 하나님의 사람들은 기쁨에 들떠 있든 슬픔에 짓눌려 있든 기도했다. 그들의 기도는 솔직했다. 필사적이었다. 뜨거웠다. 대담했다. 실제적이었다.

그런데 나는 하나님께 나를 안전하게 지켜주시고 나의 버거와 감자튀김을 축복해달라고 기도하고 있었다. 내 친구 말이 맞았다. 내 기도들은 다 시시한 것들이었다.

어쩌면 당신도 공감할 수 있을 것이다. 당신은 기도를 믿지 않는 것이 아니다. 기도를 믿는다. 하지만 당신은 타성에 젖어 있다. 똑같은 싸움들과 똑같은 요구들에 대해 기도한다. 똑같은 방식으로. 똑같은 시간에. 적어도 기도를 하려고 노력을 하더라도 말이다.

나처럼 당신은 아마 좀 더 많이 기도해야 한다고 알고 있을

것이다. 좀 더 열정을 가지고. 좀 더 믿음으로. 당신은 하나
님께 이야기하고 그분의 말씀을 듣기 원한다. 배우자나 가장
친한 친구와 하듯이 친밀한 대화를 나누기 원한다. 당신은 정
말로 그것을 원하지만 그 방법을 확실히 알지 못한다. 그래서
당신의 기도들은 안전하게만 머물러 있는 것이다.

무미건조. 따분함. 뻔함. 진부함.

지루함.

정신이 번쩍 들게 한 내 친구의 일침은 이제 나의 기도 생활
에 변화가 필요한 때임을 깨우쳐주었다. 너무 오랫동안 나는
활기 없고, 믿음 없고, 주로 공허한 기도들을 참아 왔다. 하
나님께서 나에게 더 많은 걸 원하신다는 것을 알았고, 비록
그것이 나에게 요구할 것들에 대해 망설임이 있었지만 하나님
을 더 친밀히 알고 싶었다.


## 내 기도의 문제들

그렇게 되기 위해, 나의 영적인 짐의 일부를 풀어놓는 것부
터 시작했다. 몇 년 동안 나는 나의 미적지근한 기도 생활에
대해 깊은 부끄러움을 느꼈다. 심지어 나는 목사였다. 당신
의 기도 생활에 대해 불안함을 느낀 적이 있다면, 목사인 내

가 어떠했을지 생각해보라. 나는 기도의 전사가 되어야 한다. 뜨겁고 굽힐 줄 모르는 믿음과 성령의 인도를 받는 억누를 수 없는 능력으로 가득한 전사여야 한다.

하지만 나는 기도하려고 애쓰면서 표류하는 나 자신을 발견했다. 조용히 기도하든 소리 내어 기도하든, 기도하는 도중에 내 마음은 여기서 저기로 방방 뛰어다녔다.

'하늘에 계신 하나님, 암에 걸린 제 친구를 치료해주시길 기도합니다. 지금 그녀의 삶에서 역사하소서…. 나 정말 그녀를 보러 병원에 다시 가봐야 하는데. 아, 맞다, 자동차 오일을 교체하지 않았잖아. 시리얼도 떨어졌는데. 아이들이 난리를 치겠군. 에이미는 오늘 병원 예약이 있는데, 가만, 지난달 의료보험료를 냈나? 올해 보험료가 얼마나 오르는 거야! 아, 맞아, 이번 주 설교. 좀 강력한 예화를 찾아야 하는데…. 오, 죄송해요, 주님. 무슨 얘기를 하고 있었죠?'

더 나쁜 것은 내가 늘 기도 모임들을 두려워했다는 것이다(죄책감에 대해 이야기해보라). 그 모임들은 기도하는 방법을 알 뿐만 아니라 기도하기를 좋아하는 사람들과 함께 영원히 계속되는 것 같았다. 기도 시간에 다른 사람들과 손을 잡아야 할 때마다 정말 급속도로 이상해지는 듯한 것은 말할 것도 없었다.

한편에는 언제나 바이스(Vise, 공작물을 끼워 고정시키는 기구)가 있다. 그녀는 기도 소리가 커질수록 더 강하게 조인다.

"하나님, 우리가 예수의 이름으로, 마귀의 일을 결박합니다!"라며 누른다. 누른다. 꽉꽉 누른다. 당신의 손가락 마디들이 하얗게 변하면서 팔꿈치까지 감각이 없어진다.

다른 한편에는, 종종 쇳조각이 있다. 차갑고 생기 없는 손이 당신의 손을 간신히 붙잡고 있다. 바이스는 당신의 혈액순환을 막는 반면, 쇳조각은 손인 척하는 그 축축한 부속물을 떨쳐내고 싶게 만든다.

그리고 언제나 능력 있는 기도자가 있다. 그는 큰소리로 자랑하듯 기도하기를 좋아하는 사람이다. 당신도 알다시피, 다수의 성경 구절들을 인용하며 당신이 더 부족하게 느끼도록 만드는 사람이다.

"하나님, 신명기 28장에서 우리에게 머리가 되고 꼬리가 되지 말라고 하셨습니다. 하나님, 하나님께서 세상을 너무도 사랑하셨다는 것을 우리는 요한복음 3장 16절을 통해 압니다."

그렇게 많은 숫자들을 듣다 보면, 결국 당신은 회계 강의를 들은 것 같은 기분이 든다.

그다음으로는 경쟁자가 늘 있다. 내가 대학에서 새 신자였을 때 나의 룸메이트와 함께 이런 식으로 경쟁하듯 기도한 적이 많다. 그는 큰소리로 오래 기도했고, 확신에 찬 것처럼 들렸으며, 하나님과 성경에 대한 방대한 지식을 드러냈다. 나는 지지 않겠다는 압박감을 느끼며, 나의 기도를 향상시키려 했으나 대개 도를 넘는 나 자신을 발견했다. 그때 나는 성경에 대해 많이 알지 못했기에 그저 강하고 성경적인 것처럼 들리는 말들을 쏟아냈다.

"하나님, 당신의 말씀에 당신은 여호와 이레일 뿐만 아니라 여호와, 음, 그러니까, 음, 여호와 니… 음, 닛산이라고 하셨습니다. 네, 당신은 여호와 닛산입니다! 그리고 주님, 당신은 선하십니다. 당신은 좋으신 분, 음, 그러니까… 하나님, 당신은 마지막 한 방울까지 좋은 분입니다. 그리고 당신의 말씀은 우리 입술에 꿀처럼 달콤하며, 너무 맛있어서… 음… 우리 입 안에서… 녹으며… 손에서는 녹지 않습니다. 오, 하나님, 좋은 이웃처럼… 당신은 언제나 그곳에 계십니다!"

내 기도의 문제들은 이것들만이 아니었다. 기도가 앞뒤가 안 맞을 때가 너무 많았다. 하나님은 나의 무의미한 요구들에 종종 빨리 응답하시는 듯했다. 이를테면 내가 거의 농담처럼 하나님께 망가진 에어컨을 고쳐달라고 했을 때 정말로 그렇게 해주신 것처럼. 그런데 내가 며칠 동안 금식하고 진심을 다해 몇 달 동안 내 친구의 병을 고쳐달라고 기도했을 때 하나님은 들어주지 않으셨다. 나는 기도의 능력을 믿을 때도 있었지만 그것이 전부 시간 낭비가 아닐까 하는 의문을 가질 때도 있었다.

그 초기 몇 년 동안 나는 기도에 대해 꽤 많은 것을 배웠다. 하나는 하나님이 가식적인 기도를 싫어하신다는 것이다. 따라서 하나님께 솔직하게 기도하는 것 외에는 옳은 방법이 없고, 어떠한 부담도 없다. 예수님은 바리새인들이 길게, 큰 소리로, 진실성이 결여된 화려한 기도를 드리는 것에 거듭 격분하셨다. 그분은 우리에게 "또 너희는 기도할 때에 외식하는 자와 같이 하지 말라 그들은 사람에게 보이려고 회당과 큰 거리 어귀에 서서 기도하기를 좋아하느니라 내가 진실로 너희에게 이르노니 그들은 자기 상을 이미 받았느니라"(마 6:5)라고 가르치셨다.

> 하나님은 가식적인 기도를 싫어하신다. 따라서 하나님께 솔직하게 기도하는 것 외에는 옳은 방법이 없고, 어떠한 부담도 없다.

하나님을 감동시키는 기도는 길고 요란하고 화려한 기도 대신, 단순하고 진실하며 진심에서 우러난 기도이다. 그러나 단순한 것과 안전한 것은 다르다. 또한 그것이 내가 이 책을 써야만 하는 이유이다. 내가 기도 생활에서 범한 가장 큰 잘못이자 내 기도들이 그토록 변변치 않았던 이유는 바로 너무 안전하게 기도했다는 것이다.

나는 하나님과 함께 안전지대에 있었다. 그것은 시시하고 미지근한 대화에 기반을 둔 것이었다. 나는 뜨겁지도 않고 차갑지도 않았다. 나의 기도들은 미지근했다. 안전하고 미지근한 기도들은 우리를 하나님께 더 가까이 데려가거나 우리가 이 세상에 그분의 사랑을 나타내도록 도와주지 않는다.


## 예수님이 본을 보이고 우리에게 요청하신 기도

기도는 본질적으로 위험한 것이다.

예수님이 십자가에서 목숨을 내어주시기 직전에 겟세마네 동산에서 아버지와 대화하시는 부분을 읽으면서 기도에 대한 이 생각이 분명해졌다. 무슨 일이 일어날지 아셨던 예수님은 하나님께 다른 길이 있는지 물으셨다. 그리고 예수님이, 그냥 보통의 제자나 성경 인물이 아니라 바로 하나님의 아들이신 예수님이 연약하고 위험한 복종의 기도를 하셨다.

"그러나 내 원대로 마시옵고 아버지의 원대로 되기를 원하나이다"(눅 22:42).

예수님은 자신이 하지 않으신 일을 우리에게 하라고 하지 않으신다. 그분은 우리에게 편안한 삶이 아니라 믿음의 삶을 살라고 하신다. 더 안전하고 더 쉽고 스트레스가 없는 삶을 위해 그분께 나아오는 대신, 하나님의 아들은 우리에게 우리 자신보다 다른 사람들을 더 사랑하는 모험을 하라고 도전하신다. 내 일상의 욕구들을 채우는 대신, 영원한 것을 위해 그것들을 부인하라고 하신다. 원하는 것을 따라 사는 대신, 매일 자기의 십자가를 지고 그분의 본을 따르라고 하신다.

예수님은 자신이 하지 않으신 일을 우리에게 하라고 하지 않으신다. 그분은 우리에게 편안한 삶이 아니라 믿음의 삶을 살라고 하신다.

이 책에서 우리는 성경에서 이끌어낸 세 가지 강력한 기도들을 통해 이런 사상들을 좀 더 깊이 파헤쳐볼 것이다. 이 세 가지 기도는 짧고 단순하며 솔직하겠지만 안전하지는 않다. 앞으로 3부에 걸쳐 우리는 이 세 가지 위험한 기도를 드리면서 우리의 믿음을 확장하고, 마음을 넓히며, 삶을 하나님께 열 것이다.

나를 살피소서.
나를 깨뜨리소서.
나를 보내소서.

실제적이고, 자신의 연약함을 드러내는 친밀한 기도로 하나님과 소통하려 할 때 하나님은 영적 안전함이라는 환상으로 우리를 감싸지 않으신다. 대신 '나에게 무엇이 돌아올까'라는 환상을 깨뜨리시고, 하나님이 다음에 무엇을 하실지 모를 때 그분을 신뢰하라고 하신다. 우리는 어떤 날에는 복을 받았다고 느끼고, 다른 날에는 도전과 반대와 박해에 직면한다. 하지만 위험한 기도를 드리는 모든 순간은 그분의 임재로 가득할 것이다.

나는 많은 사람의 기도가 복권을 사는 것 같을까 봐 걱정된다. 즉 이 땅에서 아무 문제 없고, 스트레스 없고, 고통 없는 삶을 살 기회를 얻고자 하는 것이다. 또 어떤 이들에게 기도는 좋아하는 노래나 어릴 적 부르던 사랑스러운 동요의 가사를 외우는 것처럼 그저 감상적인 일상사에 불과하다. 반면에 다른 이들은 그저 기도하지 않으면 더 죄책감을 느끼기 때문에 기도한다.

이런 기도들은 예수님이 우리에게 주려고 오신 생명을 나타내지 않는다. 대신 예수님은 그분을 따르기 위해 모든 것을 버리라고 하셨다.

부유하고 힘 있는 청년이 묵직한 영적 질문들을 하러 예수님을 찾아왔을 때 예수님은 질문에 답하며 기준을 낮추지 않으셨다. 대신 그를 보시고 사랑하사 "네게 아직도 한 가지 부족한 것이 있으니 가서 네게 있는 것을 다 팔아 가난한 자들에게 주라 그리하면 하늘에서 보화가 네게 있으리라 그리고 와서 나를 따르라"라고 이르셨다(막 10:21).

나는 예수님이 이 사람에게 모든 것을 버리라고 하시기 전에 사랑으로 이 대담한 요청을 하셨다는 사실에 언제나 감동을 받았다. 예수님은 이 사람에게 가장 좋은 것을 주기 원하셨다. 그는 겉으로 보기엔 모든 것을 가진 자였으나 여전히 내적인 공허감을 안고 살고 있었다. 예수님은 그를 사랑하셨기에 그에게 모든 것을 버리고 예수님을 따르도록 도전하신 것이다.

예수님은 단지 다른 사람들에게 그들 자신의 뜻을 버리라고 도전만 하신 것이 아니었다. 예수님 또한 위험한 믿음의 삶을 사셨다. 나환자들을 만지셨다. 창녀들에게 은혜를 보여주셨다. 그리고 용감하게 위험에 맞서셨다. 그다음에 우리도 그분이 하신 일을 할 수 있고, 그보다 더한 일도 할 수 있다고 말씀하셨다.

그것이 우리가 하나님께 단순히 우리의 양식을 축복해달라거나 "오늘 우리와 함께해달라"라고 요청하는 데 만족할 수 없는 이유이다.

당신은 더 많은 것을 할 준비가 되어 있는가? 단지 위험을 피하는 것에 진력이 났는가? 대담하고, 믿음이 충만하고, 하나님을 영화롭게 하며, 삶을 변화시키고, 세상을 변화시키는 기도들을 할 준비가 되어 있는가? 그렇다면 이 책은 당신을 위한 것이다.

그러나 조심하라. 장애물이 있을 것이다. 당신이 "저를 살피소서, 저를 깨뜨리소서, 저를 보내소서" 같은 기도를 하기 시작할 때 골짜기들을 경험하게 될 것이다. 공격. 시련. 고통. 고난. 좌절. 비통함까지. 그러나 또한 믿음의 기쁨, 기적의 경이로움, 굴복함으로 인한 안도감, 하나님을 기쁘게 해드리는 즐거움도 있을 것이다.

이제 안전한 기도를 멈출 때이다.

하나님과 진정으로 대화하고 진정으로 그분의 말씀을 듣기 시작할 때이다.

위험한 기도를 드릴 때이다.

# PART 1

# 나를 살피소서

하나님이여 나를 살피사 내 마음을 아시며
나를 시험하사 내 뜻을 아옵소서
내게 무슨 악한 행위가 있나 보시고
나를 영원한 길로 인도하소서
시 139:23,24

# 나를 살피소서

## 자신의 말로 드리는 기도

기도에 관한 나의 첫 번째 돌파구는 몇 년 전 우리 어머니가 수술을 받으실 때 나타났다. 우리 가족과 나는 어머니의 병실에 모여, 다음 날 아침 수술이 순조롭게 될 거라고 어머니를 안심시키려고 애쓰고 있었다. 어머니는 당연히 신경이 예민해져 있었다. 그래서 검정색 성직자 예복을 입은 중년 남성이 노크를 하고 어머니를 위해 기도해주기를 원하느냐고 묻자, 어머니는 "그럼요, 당연히 절 위해 기도해주시면 좋겠어요!"라고 소리쳤다.

그는 웃으며 고개를 끄덕였고, 확신에 찬 태도로 양복 주머니에서 작고 낡은 가죽 성경책을 꺼냈다. 그는 어머니의 침대

옆에 서서 물었다.

"어느 교파를 선호하십니까?"

"전 그냥… 음… 그냥 보통 그리스도인이에요. 딱히 선호하는 교파는 없어요. 그냥 개신교도예요."

나는 어머니가 어렸을 때 루터파 학교에 다녔고, 또 내가 기억하는 한 우리 가족이 감리교회에 다녔던 것도 알고 있었지만 실제로 그것은 전혀 중요한 문제 같지 않았다. 그러나 보아하니 목사님은 우리처럼 교파에 대해 무심하지 않은 듯했다.

"아, 미안합니다, 부인." 그는 한쪽 다리에서 다른 쪽 다리로 무게중심을 옮기며 말했다. "좀 더 편안하게 느끼시는 교파가 있으면 어떤 기도문을 읽어드릴지 파악하는 데 도움이 될 것 같아서 여쭤봤습니다."

"그럼, 그냥 감리교 식으로 하죠."

어머니는 목사님의 일을 돕기 바라며 공손히 웃으셨다.

안도한 목사님도 어머니께 웃음을 지어 보이고 작은 책을 넘겨 원하는 페이지를 찾았다. 그리고 기도문을 읽기 시작했다. 솔직히 우리가 그것이 기도임을 안 것은 오로지 그가 우리에게 그렇다고 말해주었기 때문이었다. 목사님은 그 쾌활하고 단조로운 목소리로 동요 가사나 쇼핑 리스트를 읽어도 상관없었을 것이다.

목사님이 말을 끝내기 전에 어머니가 가로막았다. 그것이 내게 어떤 파장을 일으켰는지 충분히 이해하려면, 먼저 우리 어머니를 알아야 한다. 그녀는 누구보다 친절하고 사려 깊고 배려 깊은 사람이다. 자기가 가진 돈을 탈탈 털어 주고, 당신을 도와주기 위해 시내까지 걸어가며, 당신이 보내준 선물에 세 페이지짜리 감사 편지를 쓸 사람이다. 분명 그녀는 더할 나위 없이 친절하다.

하지만 어머니는 또한 약간 짓궂은 면이 있었다. 어머니는 재미있는 것을 좋아할 뿐 아니라, 좀처럼 말을 완곡하게 하는 법이 없었다. 어떤 생각이 떠오르면 그대로 말한다. 아무 망설임 없이.

목사님이 아직 감리교의 기도문을 읽고 있을 때 어머니가 말을 끊었다. 간호사실까지 들릴 만큼 큰소리로, 어머니는 장난스럽게 소리쳤다.

"누가 자기 말로 기도할 줄 아시는 목사님 좀 찾아줄래요?"

처음에는 우리 모두 웃지 않으려고 했지만 참을 수가 없었다. 불쌍한 목사님도 활짝 웃지 않을 수 없었다. 어머니가 이 사람의 기도를 솔직하게 평가했던 이 이야기를 할 때마다 지금도 온 가족이 웃는다. 그러나 당시 어머니는 훌륭한 지적을 하신 것이다.

## 마음에서 우러난 자유롭고 솔직한 기도를 하고 있는가

마음에서 우러난 기도는 개인적이고 오해의 여지가 없다.

물론 기도문을 읽거나 다른 사람의 말을 사용하여 기도하는 것이 잘못은 아니다. 실제로 기도문을 읽는 것은 자신의 말로 기도하는 법을 배우는 좋은 출발점이 될 수 있다. 그러나 시간이 지나 당신이 하나님을 친밀하게 알기 원한다면 마음에서 직접 우러나는, 좀 더 즉흥적인 기도를 드리기 시작할 것이다. 당신의 믿음이 자랄수록 당신의 기도는 마음 깊은 곳에서 우러날 것이다. 그것을 어떻게 말로 표현할지 잘 모를 수도 있다. 그것은 단순히 당신과 당신의 아버지, 살아 계시고 전능하신 하나님 아버지와의 소통이다. 심히 개인적이고 당신의 지문만큼 독특한 것이다.

> 마음에서 우러나는 기도는 개인적이고 오해의 여지가 없다.

시편을 오래 들여다보지 않아도 다윗의 마음에서 나오는 정직한 부르짖음을 볼 수 있다. 그는 하나님께 물었다. 하나님께 불평했다. 하나님께 탄원했다. 영혼 깊은 곳에서부터, 다윗은 하늘에 계신 아버지께 부르짖으며 이렇게 물었다.

"여호와여 어느 때까지니이까 나를 영원히 잊으시나이까 주의 얼굴을 나에게서 어느 때까지 숨기시겠나이까 나의 영혼이 번민하고 종일토록 마음에 근심하기를 어느 때까지 하오며 내 원수가 나를 치며 자랑하기를 어느 때까지 하리이까?"(시 13:1,2).

그러나 우리 중 많은 이들이 솔직하고 자유롭게 기도하는 것을 편하게 느끼지 않는 것 같아 걱정이다. 우리는 올바른 방법, 또는 더 좋은 방법이나 좀 더 유창한 방법이 있을 거라고 생각한다. 우리는 틀에 박힌 기도를 하고 같은 것에 대해 반복해서 기도하는 경향이 있다. 우리는 우리의 기도에 권태를 느낀다.

우리가 기도를 따분하게 느낀다면 정말로 기도를 하고 있는 것인지 의문이 든다.

# 진실게임

**하나님은 우리와 대화를 나누기 원하신다**

기도는 성스러운 대화, 갈망의 언어, 당신과 하늘에 계신 아버지, 아바 아버지와의 거룩한 대화이다. 당신이 기도할 때 우주의 하나님이 들으신다. 그분은 들으실 뿐만 아니라 관심을 가지신다. 당신이 말하는 내용에 대해. 당신의 마음속에 간직하고 있는, 아무도 모르는 모든 일에 대해. 어쩌면 당신이 모르는 일들까지도.

하나님은 당신의 말을 듣고 또 당신에게 말씀하기를 원하신다. 사랑하는 사람과 마주 앉아 친밀한 대화를 즐기는 것과 똑같이 당신과 대화를 나누기 원하신다.

당신의 기도는 중요하다.

당신이 어떻게 기도하는지는 중요하다.

당신이 무엇을 기도하는지는 중요하다.

당신의. 기도는. 하나님을. 감동시킨다.

우리는 성경에서 "은혜의 보좌 앞에 담대히 나아갈 것이니라"라는 말씀을 듣는다(히 4:16). 소심하게, 또는 어색해하면서 다가가지 않아도 된다. 우리는 확신을 품고 담대하게 하나님 앞에 나아갈 수 있다. 이렇게 기도할 때 "우리는 긍휼하심을 받고 때를 따라 돕는 은혜를 얻을" 것이다(히 4:16).

다른 사람들과의 관계에 은혜가 필요한가?

당신이 싸우고 있는 모든 은밀한 것들에 대해 자비가 필요한가?

하루를 살아가기 위한 도움이 필요한가?

나는 그렇다. 아주 많이. 매일. 모든 면에서.

그러므로 내 친구가 지적한 나약한 기도 대신 영적인 근력을 기르는 데 도움이 되었던 것들을 나누도록 하겠다. 그것은 단순히 성경에서 이끌어낸 세 가지 기도이며, 당신은 그것을 당신의 기도로 만들 수 있다. 즉 당신 자신의 말로 그 기도를 드릴 수 있고, 그 기도가 당신의 뼛속으로 스며들면서 하늘로 올라가게 할 수 있다는 말이다. 그것은 당신의 기도와 하나님과의 대화에 집중하기 위한 도구들이다.

## 나를 변화시키기에 믿음과 용기가 필요한 기도

그러나 당신에게 경고할 것이 있다. 그것들은 안전한 기도가 아니다. 온화하거나 공손하거나 미적지근하지 않다. 당신은 단지 하나님과의 따뜻하고 포근한 순간을 바라며 그 기도문을 외울 수 없다.

이 기도에는 믿음이 필요하고 용기가 필요하다. 그것은 당신에게 모험을 요구한다. 당신의 안전지대에서 밀어낼 것이 거의 확실하다. 당신을 확장시키기 위해. 당신이 제대로 불편해지도록 돕기 위해.

그것은 자신의 내면을 깊이 들여다볼 것을 요구할 것이다. 자기 삶의 어떤 면들에 대해 가식을 멈추게 하기 위해. 당신 자신보다 당신을 더 잘 아시는 분 앞에서 자신을 솔직하게 드러내기 위해.

이러한 기도들은 당신의 마음을 녹이고 당신의 삶 속에 있는 죄의식을 드러낼지도 모른다. 당신은 하나님을 믿고 따르며 예측 가능한 삶의 패턴에서 벗어나 철저한 믿음의 담대한 걸음을 내디뎌야 한다는 충동을 느낄 것이다. 영적인 안전, 편안함, 편리함을 두고 떠나라는 도전을 받을 것이다.

안전하고 오로지 나에 관한 기도 대신, 다른 사람들을 위해 먼저 기도하고, 그들로 인해 아파하고, 그들을 위해 희망을 가지며, 그들을 위해 하나님께 다가갈 것이다. 그저 보호와 안전을 구하는 대신, 하나님께서 당신이 무엇을 하고 어디에 가기 원하시는지를 여쭤볼 것이다.

언제나 하나님께 더 많은 것을 구하기보다, 하나님께서 이미 당신의 삶 속에 부어주신 모든 축복으로 인해 그분을 찬양할 것이다. 이 모든 복을 깨달은 당신은 다른 누군가를 축복하기 위해 다가갈 것이다.

단순히 체크 항목에 표시를 하는 대신, 당신의 기도는 실제로 영원한 변화를 일으키고, 지옥을 흔들며, 마귀들을 두렵게 하고, 천국을 확장할 것이다. 극단적으로 들리는가? 장담하건대 그렇지 않다. 더 중요한 것은, 하나님께서 약속해주신다는 것이다. 당신이 하나님께 부르짖으면 하나님은 그 마음의 부르짖음을 반드시 들으신다고 확언하신다.

> 당신이 하나님께 부르짖으면 하나님은 그 마음의 부르짖음을 반드시 들으신다고 확언하신다.

당신의 기도들은 위험해진다.

그러나 예수님을 따르는 것은 결코 안전한 길이 아니었다.

주님은 제자들이 환난을 당할 것이라고 말씀하셨다(요 16:33 참조). 신실하게 그분을 섬기는 자들이 예수님처럼 박해를 당할 것을 경고하셨다(요 15:20 참조). 예수님은 우리에게 다가올 도전들을 예고하신다. 우리는 주님을 사랑하기 때문에 환난과 반대에 직면할 것이다.

그러나 예수님은 우리에게 고통스러운 시련 가운데서도 믿음으로 반응하고, 연약하고 위험해 보이는 기도를 하라고 권하신다. 예수님은 "나는 너희에게 이르노니 너희 원수를 사랑하며 너희를 박해하는 자를 위하여 기도하라"(마 5:44)라고 말씀하셨다. 당신을 해하려 하는 자들을 사랑하라. 당신을 죽이려 하는 자들을 위해 기도하라.

　당신은 과거에 해본 적이 없는 기도를 하겠는가? 당신의 온 마음과 목숨과 뜻을 다해, 당신의 전 존재로 기도하겠는가? 당신이 위험한 기도를 드리기 시작한다면 당신의 삶과 주변 사람들의 삶 속에 무슨 일이 일어날 것인가?

　그것을 알아보겠는가?

# 당신의 마음 상태

### 나를 살피소서

첫 번째 기도는 다윗의 기도이며, 그것은 매우 특별하다. 우리는 구약성경에서 다윗이 사방에 포진한 하나님의 적들과 맞서 싸울 준비를 하는 것을 본다. 걷잡을 수 없는 질투심에, 사울 왕은 다윗이 반역하고 왕을 암살하려 한다고 거짓으로 고소했다. 사울은 온 군대를 동원해 다윗을 쫓게 했고, 그를 죽이고 자신이 가장 큰 위협이라 여기는 것을 제거하려고 거듭 시도했다. 또한 그는 아픈 데를 건드릴 줄 알았다. 즉 그는 다윗이 그의 하나님께 충실하지 않았다고 주장했다.

다윗은 온 마음을 다해 하나님을 기쁘게 해드리기를 원했다. 그는 왕을 보호하고 경의를 표하기 위해 자신의 분노와 싸웠다. 그러나 자신의 동기가 언제나 온전하지는 않다는 것을 알고, 다윗은 하나님 앞에 자신의 마음을 내어드리며 세상에서 가장 연약하고 투명하고 위험한 기도를 드렸다. 자기 존재의 모든 면에서 하나님을 공경하기 원했던 다윗은 이렇게 기도했다.

"하나님이여 나를 살피사 내 마음을 아시며 나를 시험하사 내 뜻을 아옵소서 내게 무슨 악한 행위가 있나 보시고 나를 영원한 길로 인도하소서"(시 139:23,24).

이 기도는 드리기 어려울 뿐만 아니라, 그것을 적용하고 삶으로 실천하는 것은 더더욱 어렵다. 당신이 그렇게 기도할 용기가 있다 해도, 하나님이 응답으로 당신에게 보여주시는 대로 살기 위해 용기를 발휘해야 할 것이기 때문이다. 그러므로 정말 진심이 아니라면 그렇게 기도하지 말라.

경고했듯이, 이 기도는 당신에게 유죄를 선고할 가능성이 있다. 당신을 바로잡고, 삶의 방향을 돌리며, 당신이 자신을 바라보는 관점을 변화시키고, 다른 사람들이 당신을 보는 관점을 변화시킬 것이다.

어쩌면 당신은 여전히 이것이 중요한 문제가 아니라고 생각할 것이다. 하나님께서 이미 당신 속에 있는 것을 다 아시는데 왜 하나님께 당신의 마음을 살펴달라고 해야 하는지 의아할지도 모른다. 당신은 그 속에 무엇이 있는지 안다. 하나님은 그 속에 무엇이 있는지 아신다. 그런데 왜 그렇게 명백한 것을 구하는가?

이것은 좀 까다로운 부분이다. 표면적으로는 우리가 우리 자신의 마음을 아는 것 같다. 그렇지 않은가? 나는 나의 동기를 안다. 나는 무엇이 가장 중요한지 안다. 내가 하는 일을 왜 하는지 안다. 뿐만 아니라, 자기 자신에게 이렇게 말할지도 모른다. '나는 선한 마음을 가졌다. 나는 사람들을 해치려 하지 않는다. 나는 옳은 일을 하기 원한다. 내 마음은 선하다. 나는 기도하고 있다'라고. 그렇지 않은가?

그러나 하나님의 말씀은 실제로 정반대의 사실을 드러낸다. 그것을 듣고 처음에는 충격을 받을 수도 있지만, 예레미야는 우리에게 진실을 똑바로 말해준다.


## 우리는 우리의 마음에 속고 있다

예레미야는 BC 650년경에 태어난 레위지파 제사장의 아들이었다. 요시야 왕이 통치하는 동안, 하나님은 그분의 말씀을 이스라엘과 열방에 전하기 위해 이 젊은 선지자를 세우셨다. 예레미야는 당신이(나와 모든 사람들과 함께) 선한 마음을 갖고 있지 않다고 분명히 말한다. 사실 당신의 마음은 선하지 않을 뿐만 아니라, 모든 면에서 악하다. 선지자는 "만물보다 거짓되고 심히 부패한 것은 마음이라 누가 능히 이를 알리요마는"이라고 말했다(렘 17:9).

우리는 착한 척하기 쉽다. 하지만 성경은 우리 마음이 우리를 속이며 심히 부패했다고 가르친다. 본질적으로 우리 마음은 그리스도 중심이 아니라 온통 자기중심적이다. 영원한 것이 아니라 일시적인 것에 쏠려 있고, 옳은 일이 아니라 쉬운 일을 생각하며, 하나님이 원하시는 것이 아니라 우리가 원하는 것에 사로잡혀 있다.

당신은 '난 그렇지 않다'고 생각할 것이다. '내 마음은 선하다'고. 그리스도가 없으면 전혀 그렇지 않다는 것을 기억하기 바란다. 만일 우리가 그렇게 생각한다면 우리 자신의 마음에 속고 있는 것이다. 우리의 본성은 태어날 때부터 악하다(두 살짜리 아이에게 이기적으로 행동하라고 가르칠 필요가 없다. 그렇지 않은가?). 우리의 방식들은 하나님의 방식들과 다르다. 그것이 우리에게 그리스도가 필요한 이유이다. 우리를 용서할 뿐만 아니라 우리를 변화시키기 위해. 우리를 돌이키기 위해. 우리를 새롭게 만들기 위해.

> 우리의 방식들은 하나님의 방식들과 다르다. 그것이 우리에게 그리스도가 필요한 이유이다. 우리를 용서할 뿐만 아니라 우리를 변화시키기 위해. 우리를 돌이키기 위해. 우리를 새롭게 만들기 위해.

당신이 여전히 본질적으로 선하다고 믿는다면 이렇게 묻겠다. 당신은 얼마나 자주 거짓말을 하는가? 만일 당신이 "그렇게 자주 하지 않는다"라고 대답한다면 아마 지금도 거짓말을 하고 있을 것이다. "전혀 하지 않는다"라고 답한다면 확실히 거짓말하고 있다.

연구 결과에 의하면 사람들은 대부분, 매일 다수의 거짓말을 한다. 우리는 누군가의 감정을 상하게 하기를 원치 않는다. 혹은 우리 자신을 좋게 보이고 싶어 과장해서 말한다. 그러나 가장 흔한 거짓말은 우리 자신에게 하는 거짓말이다. 이런 거짓말을 한 적이 있는가? 당신은 마음속으로 당신이 믿는 것이 사실이라고 말한다.

가장 흔한 거짓말은 우리가 자신에게 하는 거짓말이다.

'나는 많이 먹지 않을 거야. 정말이야. 한 입만 먹을 거야.'

그런데 그다음에 당신은 빈 과자 봉지를 들고 있거나 접시를 깨끗이 핥고 있다는 걸 알게 된다.

우리 모두 합리화를 한다. 자신이 술을 너무 많이 마신다거나, 남들이 알면 부끄러울 만한 생각을 한다거나, 다른 사람들의 실수를 비웃고 뒤에서 험담을 한다는 추악한 진실을 직시하고 싶어 하는 사람은 없다. 그리고 합리화는 계속된다. 당신은 스스로 말한다.

'나는 물질만능주의자가 아니다. 그저 좋은 물건들을 좋아할 뿐이다.'

'나는 험담꾼이 아니다. 단지 사람들이 기도할 수 있도록

말해주는 것뿐이다.'

'나는 문제가 없다. 이것은 그저 내가 처리해야 할 일에 불과하다.'

틀림없이 다윗은 사울을 피해 목숨 걸고 도망을 다닐 때 맞서 싸우고 싶은 유혹을 느꼈을 것이다. 그는 술을 도피 수단으로 사용할 수도 있었을 것이다. 화를 내거나 원망하거나 억울해할 수도 있었다. 혹은 사울 왕을 해치기 위한 음모를 꾸미고 자신을 보호하기 위한 것이었다고 자기 행동을 정당화할 수도 있었다.

하지만 쉬운 길을 택하는 대신, 다윗은 더 대담한 방법을 택했다. "그(하나님)의 마음에 맞는 사람"(삼상 13:14)은 자기 마음이 그를 거듭 속일 수 있다는 것을 알고, 기도하기로 결심했다.

그리스도가 없으면 당신의 마음은 속임수를 쓴다.

그렇기 때문에 다윗의 이 기도가 미친 듯이 위험한 것이다.

"하나님, 나의 마음을 살피소서."

# 어려운 선택

### 하나님, 저의 마음을 살펴주세요

나는 고등학생 때 처음으로 다윗의 위험한 기도를 접했다. 매주 수요일 밤이면 나는 내 친구들과 함께 우리 감리교회의 청소년 모임에 참석하곤 했다. 이 모임을 통해 내가 영적으로 얼마나 성장했는지는 잘 모르겠으나, 몇 가지 눈에 띄는 것들이 있다.

우선은 우리의 대단했던 포스퀘어 게임(four square, 정사각형 4개가 있는 경기장에서 공을 쳐서 상대방 영역으로 보내며 점수를 얻는 게임)들을 꼽아야 할 것이다. 나는 포스퀘어가 성경에 나와 있다고 생각하지 않으나, 우리가 게임했던 모습을 생각하면 마치 아마겟돈 전쟁 같았다.

그리고 작은 카페에서 먹었던 다과들이 떠오른다. 매주 나이 드신 여성도들이 우리에게 브라우니, 쿠키, 레몬 바 등 맛있는 것들을 만들어주셨다. 어떤 주에는 단지 무슨 음식들이 나올까 궁금해서 간 적도 있다. 이 감리교 여성도들은 "너희는 여호와의 선하심을 맛보아 알지어다"(시 34:8)라는 성경 말씀이 진실임을 입증하는 일에 진지했다.

우리 청소년부 목사님들이 오래가지 않았던 것도 기억난다. 대부분은 일시적으로 머무는 듯했다. 단지 우리 교회가 그들이 정착하고 싶은 교회인지 알아보기 위해 방문한 것 같았다. 하나님에 대해 배우기를 원하기보다 온통 서로 강한 인상을 주려고 애쓰는 변덕스러운 십대들을 상대하는 것은 힘든 일이었을 것이다. 그렇게 높은 이직률에도 불구하고, 한 분이 나에게 정말 큰 영향을 미쳤다.

내가 고등학교 2학년 때였을 것이다. 우리 몇몇 친구들은 우리 교회에서 2시간 정도 걸리는 감리교 캠프장에 가려고 작은 버스에 올라탔다. 캠프 첫째 날, 예배를 드린 후 우리 청소년부 목사님이 하나님께 "자신을 살펴달라"라고 한 다윗의 자기성찰적인 기도에 관해 강의하셨다. 강의 마지막에 그는 우리에게 혼자 나가서 그 기도를 반복해서 드리며 하나님께서 뭐라고 응답하시는지 들어보라고 권면했다. 나는 그것에 관심이 있었으나 하나님께서 내 인생에서 무슨 일을 시작하려

하시는지 전혀 알지 못했다.

나는 무리를 떠나 운동장 끝으로 걸어갔다. 그곳은 나무들을 베지 않은 곳이었다. 솔향 같은 상쾌한 냄새가 났고, 머리 위 푸른 하늘에는 흰구름들이 흩어져 있었다. 나무들이 늘어선 곳 끄트머리에 앉아 그 과제를 진지하게 생각해보았다. 그때 나는 기도를 배웠다. 진정으로 기도하는 법을. 주변에 아무도 보이지 않아서 나는 큰소리로 기도했다.

"하나님, 저의 마음을 살펴주세요."

## 나의 위선과 죄악을 직면하다

하나님께서 내 마음이 순결하고, 나의 길들이 거룩하고, 나의 동기가 모두 하나님을 섬기려는 것임을 보여주셨다고 말할 수 있으면 좋겠다. 하지만 그날 나의 간청에 대한 응답을 느꼈던 것을 분명히 기억한다.

하나님은 귀에 들리게 말씀해주지 않으셨고, 하늘에는 표적이 보이지 않았다. 구름이 갈라지거나 번개가 치지 않았다. 나는 그저 매우 개인적이고 거룩한 임재를 느꼈다. 그리고 틀림없는 하늘의 사랑을 느끼는 동시에 또한 내 악함의 정도를 깨달았다.

나는 심한 위선자였다.

내 또래들은 나를 우리 청소년부 회장으로, 우리 교회에서 모든 어린이를 위한 리더이자 롤모델로 뽑아주었다. 하지만 나의 믿음에 관한 한, 내 삶은 순엉터리였다. 나는 수요일 밤 청소년부에서는 진실하고 진지하게 행동했고 주말에는 더 거친 무리와 파티를 했다.

나는 하나님을 아는 것처럼 행동했지만 내 삶과 마음은 실제로 내가 하나님으로부터 얼마나 멀리 떨어져 있는지를 보여주었다. 나는 한 무리를 위해 쇼를 했고, 좀더 편안한 관중에게는 완전히 다른 역할을 연기했다.

그래서 교회 캠프에 갔던 그날 오후, 모든 일을 멈추고 "나를 살피소서"라고 기도했을 때 나는 내 죄악의 깊이에 관한 진실에 기습당했다. 몇 년 후에 그것을 잘 말해주는 구절을 발견했다.

"이 백성이 입으로는 나를 가까이하며 입술로는 나를 공경하나 그들의 마음은 내게서 멀리 떠났나니"(사 29:13).

나는 하나님께 입에 발린 말을 했으나 내 마음은 악했다. 말은 번지르르하게 했으나 실제 행동으로 보여주지 못했다. 나는 그리스도인인 척했으나 그리스도를 몰랐다.

> 나는 예수님을 가까이할수록 나의 단점들을 더 많이 직시해야 한다는 것을 깨달았다.

그때 나는 예수님을 가까이할수록 나의 단점들을 더 많이 직시해야 한다는 것을 깨달았다. 나의 교만함. 나의 이기심. 나의 정욕. 나의 비판적인 마음.

그날 이 위험한 기도를 함으로써, 존재하는 줄도 몰랐던 하나님과의 대화 통로가 열렸다. 단순히 하나님께 나를 위해 어떤 것을 해달라고 요구하는 대신, 내 안에 있는 어떤 것을 드러내달라고 청했다. 그리고 그날 하나님께서 내게 보여주신 것들로부터, 하나님을 개인적으로 알아가는 여정이 시작되었다.

내가 엉망진창이었다는 사실을 명백히 알았다. 나는 거짓말을 했다. 남을 속였다. 도둑질을 했다. 그리고 누구에게 상처를 주든 말든 내가 하고 싶은 대로 했다. 평범하게 보였던 것들이 이제는 잘못으로 느껴졌다. 내가 원한다고 생각했던 삶은 내가 미워하는 사람이 되도록 나를 끌어갔다.

안타깝게도, 하나님과 함께 진리를 깨달은 이 순간에 그 즉시 내가 변화된 것은 아니었다. 하지만 그것은 내가 영적 필요를 인지하도록 도와주었다. 나는 무언가가 달라져야 한다는 것을 알았다. 그리고 그 무언가는 나의 온 마음을 다해 예수라는 분을 사랑하고 섬기는 법을 실제로 배우는 것임을 알게 되었다.

단순히 하나님께 당신을 위해 무엇을 해달라고 요구하는 대신, 당신 안에 있는 어떤 것을 드러내달라고 간구하라.

그것은 위험한 기도이다.

하지만 당신의 삶의 방향을 바꿀 수 있는 것이기도 하다.

"하나님, 나를 살피소서."

# 나의 두려움을 드러내소서

**두려움에 관해 아는 것은 왜 중요한가**

당신을 불안하게 만드는 것은 무엇인가? 무엇 때문에 초조한가? 무엇을 염려하는가? 무엇이 두려운가?

나는 뱀이나 거미 같은 것들에 대한 일반적인 외적 두려움, 또는 비행 공포증에 관해 이야기하는 것이 아니다. 무엇이 밤에 잠을 못 자게 하는지, 무엇이 당신의 마음속에서 뛰어나와 잠잠해지길 거부하는지 궁금하다. 실직 같은 일들. 결혼하지 못하는 것. 또는 불행한 결혼생활을 하는 것. 건강을 잃는 것. 예금 통장에서 돈을 찾아 근근이 살아가는 것….

다윗의 마음속에 퍼지고 있던 것이 정확히 어떤 두려움이었는지는 모르지만 그가 자신의 안전에 대해, 어쩌면 자신의 미래에 대해 불안해했던 것은 분명하다. 하나님께 자신의 마음을 살펴달라고 구한 후 다윗은 "내 뜻(내 불안한 생각들)을 아옵소서"(시 139:23)라고 말했기 때문이다. 그는 자신이 느끼는 최악의 두려움들을 하나님과 함께 나누기 원했으며, 그것들을 직면하고 명칭을 붙이려 했다. 자신이 생각해낼 수 있는 그 어떤 두려움보다 하나님이 더 크신 분이시라는 것을 믿으려 했다.

당신도 기꺼이 이와 같은 기도를 드리겠는가?

"주여, 제 마음을 인질로 잡고 있는 것이 무엇인지 보여주소서. 제가 가장 두려워하는 것을 보여주소서. 저를 두렵게 하는 것이 무엇인지 직시하도록 도와주소서."

당신은 왜 하나님께서 우리의 '불안한 생각들'을 중요하게 여기시는지 궁금할지도 모른다. 그것은 우리가 편안함과 스트레스 없는 삶을 경험하기 위해서만은 아니다. 그러나 이 질문에 대한 답은 아마도 우리 대부분이 표면적으로 이해하는 것보다 훨씬 더 중요할 것이다. 우리가 무엇을 두려워하는지가 중요하다.

## 나의 두려움이 알려주는 것

몇 년 전, 이 주제에 대한 계시를 접했는데, 그것은 매우 개인적인 방식으로 나에게 감동을 주었다. 하나님은 내가 가장 두려워하는 것이 하나님을 가장 신뢰하지 않는 부분을 드러 낸다는 사실을 내게 보여주셨다.

셋째 딸 안나를 출산한 후 아내 에이미에게 신체적인 문제들이 생기기 시작했다. 처음에는 그저 피로해서 그런 줄 알았는데 몸의 절반에 감각이 없어지자 우리는 더 심각한 문제가 있을까 봐 두려웠다. 의사들은 답을 제시하지 못했다. 그녀의 증상들은 계속 악화됐고, 그럴수록 나는 하나님에 대한 신뢰가 약해지기 시작했다.

> 우리가 가장 두려워하는 것은 종종 우리가 하나님을 가장 신뢰하지 않는 부분을 드러낸다.

이 두려움은 다른 생각들로 이어졌고, 그날 밤 내 생각들은 걷잡을 수 없이 커져만 갔다.

'에이미가 위험한 병에 걸렸으면 어쩌지? 만약 그녀를 잃는다면? 그녀가 없으면 난 우리 아이들을 키울 수 없을 거야. 교회를 계속 이끌어가지도 못할 거야. 계속 살고 싶지도 않을 거야.'

그러다 문득 깨달았다. 나를 밤에 잠들지 못하게 하는 것들은 바로 하나님이 처리하실 거라고 믿지 못하는 것들이었다. 나는 그것들에 매달렸고, 그것들을 생각하고 또 생각하며, 그것을 제압하고 나의 모든 문제를 해결하며 모든 만일의 사태에 대비할 계획을 세우려 하고 있었다.

감사하게도 하나님의 은혜로 아내는 점차 회복되어 완전히 건강을 되찾았으나, 그녀의 어려움은 나의 가장 약한 부분 중 하나를 드러냈다. 두려움이 나를 사로잡았던 것이다.

당신은 어떠한가? 당신이 두려워하면서도 매달리고 있는 영역들은 어떤 것인가? 어떤 두려움들을 하나님께 내어드리지 않고 있는가?

생각해보라. 만일 당신이 결혼생활의 미래에 대한 두려움에 사로잡혀 있다면, 이것은 당신의 결혼생활을 하나님께 온전히 맡기지 않았다는 뜻이다. 만일 당신이 청구서 요금 지불에 대한 걱정에 사로잡혀 있다면 이것은 하나님을 당신의 공급자로 믿지 않는다는 것을 보여준다. 당신이 자녀들의 안전에 대한 걱정에 마비되어 있다면, 하나님이 그 아이들을 안전히 지켜주실 거라고 믿지 않는 것 아니겠는가?

이 기도를 드렸던 나의 경험을 돌아보면, 하나님은 종종 나의 불안한 생각들과 그 생각들을 부추기는 두려움들을 보여주셨다. 하나님이 드러내신 첫 번째 두려움은 또한 가장 끈질긴 것의 하나로 드러났다. 나는 실패하는 것이 두렵다.

그것은 어릴 때 야구를 하면서 시작되었다. 나는 한때 프로야구 선수였던 아버지 앞에서 스트라이크 아웃을 당하는 것이 죽을 만큼 두려웠다. 어른이 된 지금은 다음 설교나 다음 프로젝트에서, 또는 좋은 아빠가 되기 위한 나의 책임에 있어서 스트라이크 아웃을 당할까 두렵다. 사람들을 실망시킬까 봐, 부족할까 봐, 꼭 해야 할 일을 하지 못할까 봐 죽을 만큼 두렵다. 나는 언제나 부족하다고 느낀다.

사실 이 글을 쓰면서도 나는 내 딸의 건강이 걱정된다. 맨디는 23살이고, 결혼했고, 내가 아는 누구보다 재능이 있다. 그러나 거의 3년 동안 평범한 사람처럼 살지 못했다. 우리는 셀 수 없이 많은 기도를 해왔다. 전국의 의사들을 찾아다녔다. 당신이 상상할 수 있는 가장 독특한 식이요법도 시도해보았다. 우리는 자연적인 방법들을 시도해보았고, 심지어 그중 몇 가지는 사람들이 들으면 우리를 미쳤다고 생각할 것이다.

나는 그리스도인일 뿐만 아니라 목사이다. 내가 걱정을 하면 안 된다는 걸 안다. 하지만 그것이 자기 자녀의 일일 때는 마음이 잘못된 방향으로 달려나가는 것을 막기 어렵다.

그것이 이 책을 쓰고자 했던 이유를 다시 생각나게 한다. 전심으로, 나는 위험한 기도의 힘을 안다. 그리고 나의 안전한 기도들에 계속 넌더리가 난다. 나의 자기중심적인 신앙을 하루도 더 참을 수가 없다. 그렇게 이 메시지는 내 안에서 타오른다. 하지만 내가 마음에서 나온 생각을 글로 표현하지 못할까 봐 걱정이다. 내 글이 충분히 강력하지 못하면 어쩌지? 설득력이 없으면? 죄를 깨닫게 하지 못하면? 당신의 마음을 움직이지 못한다면?

## 두려움을 이기려면 믿음의 인도를 받아라

우리의 두려움은 중요하다. 그것은 궁극적으로 우리가 구세주를 의지하지 않고 자신의 노력에 의존하고 있음을 보여주기 때문이다. 진실은 우리가, 즉 당신과 나와 모든 사람이 언제나 부족하다는 것이다. 우리는 결코 충분치 않으며 언제나 연약하다. 하지만 여기에 놀라운 사실이 있다. 우리가 약할 때 하나님의 능력이 온전해진다는 것이다(고후 12:9 참조).

당신의 가장 큰 두려움은 당신이 세상에 변화를 일으킬 최적의 기회를 보게 할 것이다. 당신은 매일 매 순간 하나님이 필요하다. 당신이 하는 가치 있는 일들은 모두 하나

> 우리의 두려움은 중요하다. 그것은 궁극적으로 우리가 구세주를 의지하지 않고 자신의 노력에 의존하고 있음을 보여주기 때문이다.

님의 마음, 하나님의 능력, 하나님의 은혜에서 비롯된다.

하나님을 기쁘게 해드리려면, 그분을 섬기려면, 그분을 높이려면, 그분을 위해 살려면, 당신은 두려움에 이끌려서는 안 된다. 당신은 믿음의 인도를 받아야 한다. 내가 자주 하는 이야기가 있다. 당신의 가장 큰 잠재력으로 가는 길은 종종 당신의 가장 큰 두려움을 관통한다는 것이다. 믿음은 당신을 앞으로 나아가게 할 것이다.

사실 하나님이 당신에게 원하시는 것은 당신이 가장 두려워하는 것의 뒷면에 있을지도 모른다. 사도 바울은 자기 제

자인 디모데에게 "하나님이 우리에게 주신 것은 두려워하는 마음이 아니요 오직 능력과 사랑과 절제하는 마음이니"라고 말함으로써 믿음을 지키도록 권면했다(딤후 1:7).

하나님을 기쁘게 해드리려면, 그분을 섬기려면, 그분을 높이려면, 그분을 위해 살려면, 당신은 두려움에 이끌려서는 안 된다. 당신은 믿음의 인도를 받아야 한다.

수 세기 동안, 많은 그리스도인들은 하나님의 원수인 마귀가 거짓말로 신자들에게 영향을 미치려 한다고 믿어왔다. 당신이 실패를 두려워한다면, 그것은 영적인 원수가 당신을 설득하여 하나님이 당신을 창조하신 목적에 맞는 일을 하지 못하게 하려는 것일 수 있다.

그러니 기도하고 당신의 두려움 속으로 들어가라. 하나님을 힘입어 믿음으로 나아가라. 믿음이 없으면 하나님을 기쁘시게 할 수 없다. 당신은 실패를 두려워하기보다 하나님을 기쁘시게 하려는 마음이 더 크다는 것을 스스로 상기하라.

당신이 이 위험한 기도를 드리고, 당신이 온전히 주님을 따르지 못하게 막는 것을 주님이 보여주실 때 반드시 그분의 사랑을 경험할 기회를 놓치지 말라. 그분의 넘치는 은혜 안에 잠겨라. 그리스도의 생명 안에서 당신을 위해 부어진 하나님의 무조건적인 선하심을 즐겨라. "온전한 사랑이 두려움을 내쫓나니"(요일 4:18)라는 말씀을 기억하라.

하나님이 당신의 두려움을 보여주실 때 당신의 믿음 또한 세워주실 것이다. 당신은 주님이 필요하다. 주님의 임재가 필요하다. 주님의 능력이 필요하다. 성령의 인도하심이 필요하다. 당신을 강하게 하는 주님의 말씀이 필요하다. 믿음은 두려워하지 않는 것을 의미하지 않는다. 믿음은 두려움 때문에 멈추지 않는 것을 의미한다.

당신이 가장 두려워하는 것은 당신이 하나님과 함께 성장해야 하는 지점을 보여준다. 당신은 무엇을 두려워하는가? 당신의 불안한 생각들은 무엇인가?

하나님은 당신에게 무엇을 보여주고 계시는가?

당신에게 믿음으로 성장해야 할 부분은 어디인가?

그분을 신뢰하라.

# 나의 죄들을 드러내소서

## 나를 살피사 내 안의 악함을 보여주소서

다윗의 기도가 이미 충분히 위험해 보이지 않았다면, 당신에게 부드럽게 경고하고 싶다. 그것은 이제 훨씬 더 강렬해진다.

다윗은 "하나님의 마음에 맞는 사람"이라 불렸다(삼상 13:14 ; 행 13:22 참조). 그는 하나님의 뜻에 헌신했고 열정적으로 예배드렸으며, 넘치게 나누었고, 용감하게 인도했다. 하지만 그는 여전히 잘못을 범했다. 아주 큰 잘못들을. 당신과 나처럼, 그는 죄의 유혹을 받았고 언제나 옳은 선택을 하지는 못했다. 하나님의 선하심을 알고 대부분의 삶을 하나님과 동행한 후에도 여전히 실수했다. 그리고 그것이 그가 이 위험한 기도를 드린 이유였다.

"하나님이여 나를 살피사 내 마음을 아시며…내게 무슨 악한 행위가 있나 보시고"(시 139:23,24).

내가 당신의 마음을 상하게 하거나 아프게 하는 일을 범하고 있는지 보여달라는 것이다.

이 기도에 대한 하나님의 응답을 듣는 일은 매우 힘들 수 있다. 우리는 대개 자신의 잘못된 행동들을 합리화하는 데 능숙하기 때문에 그 일은 쉽지가 않다. 당신이 나와 비슷하다면, 남을 비난하는 것도 잘하고 자신을 변명하는 것도 똑같이 잘할 것이다. 나는 당신의 잘못들을 지적하지만, 내가 왜 당신이 부적절하다고 생각할 만한 일을 하는지를 완벽하게 설명할 수 있다. 나는 예수님이 마태복음 7장에서 경고하신 일을 능숙하게 한다. 즉 내 눈 속의 들보는 무시하면서 당신 눈 속에 있는 티를 지적할 수 있다.

> 당신이 나와 비슷하다면, 남을 비난하는 것도 잘하고 자신을 변명하는 것도 똑같이 잘할 것이다.

당신은 당신 안의 악한 행위에 대해 하나님으로부터 어떻게 듣는가? 당신이 이 위험한 기도와 함께 하나님의 마음을 살필 때 고려해야 할 세 가지를 제안해보겠다.

## 여러 사람이 내게 같은 말을 한다면 유의하라

우선, 다른 사람들이 당신에 대해 뭐라고 말했는지 생각해보라. 다른 사람들이 당신의 삶과 습관, 관계, 행동에서 변화가 필요하다고 제안한 영역이 있는가? 당신의 삶에서 다른 사람들에게 도전을 받는 영역이 있는가? 사랑하는 사람들이 당신을 염려하거나, 도움받는 것을 생각해보라고 한 적이 있는가?

신학교에 다니며 상담 수업을 들을 때 교수님이 내가 절대로 잊지 못할 한 가지 원리를 가르쳐주셨다. 그녀는 만일 당신이 사랑하고 신뢰하는 두 사람 이상이 당신에게 문제가 있다고 말한다면 당신에게 문제가 있음을 인정하고 그것을 즉시 처리해야 한다고 말했다.

그녀의 지혜는 그 후 몇 년 동안 내게 머물러 있었다. 당신에게 어떤 잘못이 있는지 하나님께 보여달라고 간구할 때 먼저 다른 사람들이 당신에게 했던 말부터 생각해보라. 사랑하는 사람들이 당신의 삶에 대해 건강하지 못하거나 지혜롭지 못하다고 말하는 부분이 있는가?

어쩌면 몇몇 사람들은 당신이 비디오 게임을 너무 많이 한다고 말했을 것이다. 그들은 당신이 더 많은 것을 내놓을까봐, 인생에서 더 중요한 것들을 놓치고 있을까 봐 염려하는 것이다.

어떤 사람은 당신에게 술을 너무 많이 마신다고 했을 것이다. 또는 진통제 사용에 문제가 있다거나 과식하는 것을 지적했을 것이다. 믿을 만한 친구들이나 가족 중 두 사람 이상이 이런 의견을 비쳤다면 하던 일을 멈추고 주의를 기울여야 할 것이다.

어쩌면 당신이 잘못된 연애를 해왔을 수도 있다. 당신의 친구들은 계속해서 당신이 늘 잘못된 사람을 거부하지 않고 받아주고 있다는 걸 상기시켜준다. 그럴 때 당신은 자신의 행동을 변명하기보다는 당신의 행동 패턴을 바꾸는 것을 고려해야 할 것이다.

최근 몇 년 동안, 나는 급기야 모든 것을 멈추고 내 삶 속에서 제대로 돌아가지 않는 부분을 인정해야만 했다. 몇 사람이 내가 휴대폰의 노예라고 알려주었다. 내 아내 에이미는 가장 큰 목소리로, 가장 거침없이 말했다. 우리 아이들의 한숨과 눈빛 또한 많은 것을 시사했다.

나는 그들의 애정 어린 의견을 진지하게 받아들이기 전에 변명부터 했다. 합리화의 대가가 등장했다.

"내가 하고 있는 일은 중요한 일이야. 좋은 목사가 되려면 사람들에게 도움이 되어야만 해. 나는 한 교회를 이끌고 있고 내 의견은 중요해. 나의 소셜 미디어 영향력은 훌륭한 증인이 될 수 있어. 나는 정말로 내가 최근에 올린 인스타그램 게시

물이 어떤 성과를 내고 있는지 보고, 내가 관심을 가져야 할 댓글들이 있는지 점검할 필요가 있어."

당신은 에이미와 아이들의 말을 듣는 것으로 충분했을 거라고 생각할 것이다. 하지만 사무실의 몇몇 사람들도 그 얘기를 했을 때 예전 신학교 교수님의 충고가 내 머릿속에서 울리기 시작했다. 그래서 나는 기도하기로 했다.

'하나님, 제게 보여주소서. 제 안에 잘못된 모습이 있는지 살펴주소서. 이것이 문제입니까?'

하나님은 내가 아들의 축구 경기를 보고 있을 때 내 기도에 응답해주셨다. 나는 문자 메시지에 답하느라 내 아들의 놀라운 코너킥을 보지 못했다. 같은 팀 선수가 골을 넣어 높은 순위의 팀을 1대 0으로 앞서게 됐는데 그 장면을 놓친 것이다. 그다음에 후반전에서 1대1 동점으로 경기가 몇 분밖에 남지 않았을 때 SNS의 게시글을 체크하느라 내 아들의 결승골을 놓쳤다.

하나님은 나에게 명확히 보여주셨다. 나는 위조된 현실에 만족하며 정작 가장 중요한 것을 놓치고 있었다. 내가 가장 사랑하는 사람들과 함께하는 귀중한 순간들을 잃으면서 내 삶에서 좋은 것들을 놓치고 있었다.

당신은 어떤가? 다른 사람들이 당신에게 변화가 필요하다는 것을 알려주려고 애써온 것들이 있는가? 잠언 12장 15절은 "미련한 자는 자기 행위를 바른 줄로 여기나 지혜로운 자는 권고를 듣느니라"라고 말씀한다. 지금은 멈추고 들어야 할 때인지도 모른다.

잠언 12장 15절은 "미련한 자는 자기 행위를 바른 줄로 여기나 지혜로운 자는 권고를 듣느니라"라고 말씀한다.

하나님은 당신을 가장 사랑하는 사람들을 통해 당신에게 말씀하실 것이다.

### 얼마나 자신을 방어하고 합리화하는가?

다른 사람들이 당신에게 해준 말들을 생각하는 것 외에도, 당신이 합리화해온 것들을 생각해보라. 당신의 삶 속에 잘못된 것이 있는데 계속 하나님의 은혜로운 경고 신호들을 무시하고 있는가?

솔직히 말하면 내가 죄를 합리화하는 능력은 무서울 정도다. 지금은 좀 우습지만, 이 생각을 무엇보다 잘 보여주는 예화가 있다. 몇 년 전에 나는 교회에서 길이 많이 막힐 때 갓길로 운전하는 사람들을 농담처럼 흉본 적이 있다. 당신도 아마 이런 것을 본 적이 있을 것이다. 고속도로에서 몇 킬로미터에 걸쳐 차들이 정체되어 있을 때 어김없이 도로 오른쪽의 갓길로 빠져서 법규를 따르는 다른 모든 사람을 지나쳐가는 운전자들이 있다. 그날 주일 설교를 하면서 나는 그 사람들에 대해 "하나님이 곧장 지옥으로 보내시기 전에 먼저 하나님께 대답하는 사람들"이라고 농담했다.

바로 다음 날인 월요일 이른 아침, 나는 차를 몰고 교회 사무실로 가고 있었다. 무슨 일인지 평소보다 더 많은 차들이 우리 교회 앞에 약 800미터 정도 정체되어 있었다. 나는 왜 움직이지 않는지 궁금해하며 참고 기다렸지만 몇 분이 지나도 전혀 움직이지 않자 오른쪽을 살펴보았다. 내가 있는 곳과 우리 교회 진입로 사이의 땅은 모두 우리 교회 소유였다. 그 땅은 아직 개발되지 않았고 차로 쉽게 풀밭을 지나갈 수 있었다. 나는 그 땅이 교회 소유이니 내가 그곳으로 지나갈 권리가 있다고 합리화하고는 길가로 다른 운전자들을 지나쳐 갔다.

내가 마크 도슨(Mark Dawson)이라는 우리 교인 옆을 지나가고 있다는 사실은 까맣게 몰랐다. 마크의 옆에 있던 그의 어린 아들 알렉스가 소리쳤다.

"아빠, 크레이그 목사님이 싫어하는 운전자가 저기 있어요!"

그 말을 거의 마치자마자 그 아이는 깜짝 놀라 실망하며 소리쳤다.

"아빠! 저 사람 크레이그 목사님이에요!"

갓길 운전이 잘못이라고 큰소리로 설교한 지 24시간도 안 되어, 내가 정확히 똑같은 짓을 한 것이다.

주여, 제 안에 무슨 악한 행위가 있는지 보여주소서.

당신이 합리화했던 것을 생각해보라. 당신의 삶에서 다른 사람들이 우려를 표했던 영역이 있는가? 그래서 당신은 자신을 방어했는가? "그것은 큰 문제가 아니다. 나는 이것을 해결할 수 있다. 이것은 그저 내가 대처하는 방식일 뿐이다. 게다가 나는 누구에게도 해를 끼치지 않고 있다. 이건 나의 삶이다. 당신이 누군데 나를 판단하는가? 나는 문제가 없다. 나는 괜찮다. 내 일은 내가 알아서 할 테니 당신은 당신 일이나 신경써라"라고.

이 위험한 기도가 중요할 뿐만 아니라 긴급한 이유가 또 있다. 거울로 보기 힘든 죄를 보려면 하나님의 도움이 필요하다. 우리가 주의하지 않으면 다윗이 시편 36편에 묘사한 사람들처럼 될 수 있다. 그는 다음과 같이 강력하게 말했다.

> 거울로 보기 힘든 죄를 보려면 하나님의 도움이 필요하다.

"그가 스스로 자랑하기를 자기의 죄악은 드러나지 아니하고 미워함을 받지도 아니하리라 함이로다 그의 입에서 나오는 말은 죄악과 속임이라 그는 지혜와 선행을 그쳤도다"(시 36:2,3).

우리는 얼마나 자주 자만하는가?

'나는 그들과 달라. 나는 영적으로 괜찮아. 문제 없어.'

기만적인 마음은 자기도 모르는 사이에 자신을 속여 자기 죄를 무시하게 만든다. 그리고 합리화는 계속된다.

'포르노물을 보는 것은 잘못이 아니야. 다들 보는 거잖아. 게다가 나는 훨씬 더 나쁜 짓을 할 수도 있었어. 나는 누구에게도 해를 끼치지 않잖아.'

'나는 화를 잘 내지 않아. 네가 할 일을 하지 않았어도 나는 너에게 호통을 치지 않을 거야. 네가 나를 화나게 만드는 것은 내 잘못이 아니야.'

'내가 술을 마시는 것은 문제가 아니야. 긴장을 푸는 데 도움이 되도록 맥주 몇 잔 마실 뿐인 걸. 위스키나 다른 술을 단숨에 들이켜는 것과 달라.'

'나는 남의 험담을 하지 않아. 사람들이 나에게 어떤 얘기를 하는 것은 어쩔 수 없지. 나는 그저 사실일 것 같은 정보를 전달할 뿐이야. 게다가 그것은 다른 사람들이 어떻게 기도할지 알도록 도와준다고.'

'도박은 나에게 문제가 안 돼. 그것은 그저 오락에 불과하고, 언제든 멈출 수 있어.'

'나는 이기적이지 않아. 나는 좋은 것들을 좋아할 뿐이지. 나는 내 것을 원해. 평생 열심히 일해 왔고. 인생에서 몇 가지 좋은 것들을 누릴 자격이 있잖아.'

## 확신이 강할수록 내가 틀렸을 가능성이 높다

다윗 왕은 합리화에 대해 많이 알았다. 우리는 그가 밧세바를 자기 침대로 데려오고, 그것을 감추기 위해 그녀의 무고한 남편 우리아를 살해하기 전에 스스로에게 했던 이야기를 정확히 알지는 못한다(전체 이야기는 사무엘하 11,12장에 나온다). 그러나 우리의 정신이 보통 어떻게 작용하는지를 생각해보면, 그는 자신에게 '나는 휴식 시간을 가질 자격이 있다. 나는 수많은 전투에 나가 싸워 이겼다. 이젠 좀 떨어져 있을 필요가 있다' 이런 식으로 말했을 거라고 추측해본다.

그리고 긴장을 풀기 위해 그의 왕궁 옥상에서 한가로이 거니는 동안 왕은 이웃집의 아름다운 여인을 보게 된다.

'와… 저기 봐. 옥상의 저 여자는 누구지? 난 지금 너무 외롭다. 누군가와 함께 있고 싶다. 그녀에 대해 알고 싶다. 그녀가 누구인지만 알아보자. 아무것도 하지 않을 거다. 단지 이야기를 나눌 사람이 필요할 뿐이다.'

그리고 신하를 보내 그녀를 궁전으로 데려온 후 그의 합리화는 확실히 계속되었다.

'그녀는 외롭다. 그녀의 남편은 아마 자기가 무얼 가졌는지도 모를 것이다. 난 왕이다. 난 좀 더 각별한 관심을 받을 자격이 있다. 아무도 모를 것이다. 게다가 나는 나의 욕구가 있다.'

계속 나아간다. 한 걸음씩. 다윗은 자신에게 거짓말을 더 해갔다.

살아가면서 내가 방어적일 때는 하나님께서 내게 보여주기 원하시는 것에 주의를 기울이고 받아들일 필요가 있다는 표시라는 것을 알게 되었다. 누군가가 당신의 삶에 변화가 필요하다는 제안을 하는데 당신이 화를 낸다면, 화를 내는 대신 경청하는 편이 지혜로울 것이다. 하나님께서 어떤 잘못을 깨닫게 하시는 것을 느끼는데 당신이 당장 변화가 필요하지 않은 이유를 말한다면, 이것은 멈추고 그분의 경고를 들어야 한다는 분명한 신호이다.

내가 어떤 것에 대해 옳다는 확신이 강할수록 내가 틀렸을 가능성이 더 크다는 것을 알게 되었다.

물론 나는 이것을 매우 힘들게 배웠다. 젊은 목사 시절에 많은 지혜로운 사람들이 내게 다가와 가끔 나의 설교가 너무 저속하다는 얘기를 해주었다. 그들은 나의 유머가 좋게 말하면 괴상하고 나쁘게 말하면 매우 부적절하다는 점을 염려했다.

나는 조금도 바꾸지 않았다. 그들은 거의 몰랐겠지만 나에게는 전략이 있었다. 지나치게 종교적이고 거룩한 척하는 목사들에게 싫증이 났던 한 사람으로서, 내가 보통 사람이라는 것을 모두에게 보여주려고 한 것이다. 나는 보통 사람들처럼 즐겼다. 그리고 사람들이 좋아할 만한 유머 감각을 갖고 있었다.

문제는 나의 기준이 하나님을 높이는 것이 아니라 사람들과 관계를 맺는 것이었다는 데 있었다.

내 방식이 잘못되었음을 알도록 도와주려고 수많은 사람이 애쓴 끝에, 드디어 한 사람이 빛을 보도록 도와주었다. 점심 식사를 함께한 후 그는 다른 방법으로 내가 나의 문제들을 보도록 도와주려고 했다. 그는 진심으로 나의 설교를 칭찬하는 것으로 시작했다. 그는 나의 열정을 사랑했다. 내가 성실하게 공부한다는 것도 인정해주었다. 어려운 주제들에 대해 설교하는 나의 용기를 칭찬했다. 그리고 하나님에 대한 나의 믿음에 관하여 나를 격려하기 시작했다. 그는 내가 그리스도를 필요로 하는 사람들을 사랑하고 나의 삶에서 예수님을 높이기 원하는 것을 안다고 진심으로 말해주었다.

계속해서 말로 나를 세워주면서, 그는 나의 저속한 유머에 대해 많은 사람이 염려하는 것을 내가 알고 있음을 안다고 했다. 이 지혜로운 사람은 자신이 나를 신뢰하며, 만일 내게 문제가 있다면 내가 하나님의 말씀을 경청할 것임을 안다고 말해주었다. 그는 나를 비난하는 대신 그저 나를 격려해주었다.

"하나님께서 목사님이 이 부분을 바꾸기 원하시는지 알려달라고 기도해보시겠습니까?"

그의 애정 어린 마음 덕분에, 나는 하나님께 기도해보기로 했다. 솔직히, 나는 하나님으로부터 다른 말씀을 들을 거라고 전혀 예상하지 않았다. 하나님은 내 마음도 계획도 다 알고 계셨으니까.

그래서 나는 단순하게 위험한 기도를 했다.

"제가 잘못했다면 보여주십시오, 하나님. 저에게 변화가 필요한지 알려주십시오."

하나님께서 목사님이 이 부분을 바꾸기 원하시는지 알려달라고 기도해보시겠습니까?

아무 일도 일어나지 않았다.

아무 일도.

그다음에 내가 설교를 하기 전까지는 그랬다.

마침 교회의 어린이들이 새 학년으로 올라가는 승급 주일이었다. 이 주말에 나의 큰딸 케이티가 어린이 주일학교를 졸업하고 이제 매주 '큰 교회'에서 예배를 드릴 나이가 되었다.

메시지를 시작하고 몇 분 동안 나는 확신과 열정을 가지고 말씀을 전했다. 그러다 힐끗 옆을 보니 나의 소중한 어린 딸이 엄마(그녀도 나의 유머가 너무 멀리 간다고 생각했다) 옆에 앉아 있었다. 누군가가 미심쩍다고 생각할 만한 농담을 던지기 직전에 번뜩 이런 생각이 들었다.

'내 딸이 이 말을 듣지 않았으면 좋겠다. 난 그 애가 이런 말을 하는 걸 절대 원하지 않아.'

그리고 일순간에 하나님께서 나에게 깨우침을 주셨다. 그들이 옳았다. 내가 틀렸다. 나는 나도 모르게 저속한 말을 했고, 하나님의 명예를 더럽혔고, 많은 사람에게 무례를 범해 왔다. 내가 옳다고 가장 확신했던 곳이 바로 내가 가장 잘못하고 있는 곳이었다.

진실을 부정하는 것은 사실을 바꾸지 못한다.

나는 나의 하나님께 죄를 범하고 있었고, 그 고통스러운 진실을 받아들이기 위해 위험한 기도를 드려야만 했다.

# 나를 인도하소서

## 영원한 길로 인도해달라는 기도에 이르라

당신은 이 위험한 기도를 드릴 준비가 되었는가? 하나님께서 당신에게 주실 말씀을 들을 준비가 되어 있는가? 하나님께 여쭐 믿음과 순종할 용기가 있는가?

제 마음을 살피소서, 하나님.

저의 불안한 생각들을 드러내소서.

제게 무슨 악한 행위가 있는지 보소서.

저를 영원한 길로 인도하소서.

하나님을 향한 이 믿음 충만한 부르짖음의 모든 구절이 다 중요하다. 그러나 나를 영원한 길로 인도해달라는 마지막의 열정적인 기도가 없으면 미완성이다.

우리는 하나님께서 단지 우리 마음의 불결함을 보여주기만 하시는 것을 원하지 않는다. 단순히 우리의 두렵고 불안한 생각들을 아는 것, 그 이상을 원한다. 그저 우리가 얼마나 악한지 아는 것보다 더 많은 것을 갈망한다. 우리는 하나님께서 우리를 인도하시고, 지휘하시고, 이끌어주셔서 그분이 원하시는 사람이 되게 해주시기를 원한다.

"우리를 영원한 길로 인도하소서."

당신이 잠시 멈추고 이 기도를 드리고 귀를 기울일 때 하나님께서 당신에게 말씀하실 것이다. 그러나 이 기도를 가볍게 여기지 말라. 건성으로 기도하지 말라. 이것은 당신이 더 좋은 하루를 보내도록 돕기 위한 게임이나 별 의미 없는 영적 활동이 아니다. 이것은 영혼을 정결케 하고, 마음을 고치며, 영원한 변화를 일으키는 기도이다.

## 위험한 기도를 통해 깨닫게 하신 것

"나를 인도하소서."

이 기도를 통한 나의 영적인 여정을 돌아보며, 하나님께서 내게 보여주신 것들을 정리해보겠다.

## 1. 하나님이여 저의 마음을 살피소서

하나님은 나의 위선을 보여주셨다. 나는 종종 사람들에게 보여주고 싶은 나를 보여준다. 내 말들은 하나님을 공경하지만, 나의 마음은 하나님으로부터 멀어져 있을 수 있다.

## 2. 저의 불안한 생각들을 아옵소서

나는 기준에 미치지 못할까 봐 죽도록 두렵다. 나의 불안감 때문에 너무나 괴롭다. 사람들을 만족시키지 못할 것 같은 두려움에 꼼짝할 수가 없다.

## 3. 제 안에 무슨 악한 행위가 있는지 보소서

나는 몇 번이나, 사람들의 인정을 하나님께 받는 인정보다 더 중요하게 여겼다. 하나님께 나의 사랑을 표현하기보다 사람들에게 사랑받기를 더 원하는 마음과 계속 싸워 왔다.

## 4. 저를 인도하소서

이제 진가가 발휘될 지점에 이르렀다. 이제부터는 현실이다. 여기서 진정한, 성령 충만한, 삶을 바꾸는 변화가 가능해진다.

내가 이 위험한 기도의 모든 부분을 한데 모으고 하나님께

서 내게 보여주기 원하시는 것에 귀를 기울일 때 그것은 명백
해진다. 즉 나는 하나님의 인정보다 사람들의 인정을 우선시
하는 마음과 줄곧 싸워 왔다. 이것은
아마도 나의 가장 깊은 내면의 영적 결
함일 것이다. 그것은 죄이며 나의 온
마음으로 하나님을 섬기는 것을 방해
한다. 왜일까? 사람들이 나를 어떻게
생각하는지에 집착하는 것은 하나님께서 나를 어떻게 생각하
시는지를 잊어버리는 가장 빠른 길이기 때문이다. 다른 사람
들의 인정에 집착하는 것은 한마디로 우상숭배이다.

사람들이 나를 어떻게 생각하는
지에 집착하는 것은 하나님께서
나를 어떻게 생각하시는지를 잊
어버리는 가장 빠른 길이다.

그래서 나는 하나님께 나를 변화시켜 달라고 간구하고 있
다. 그리스도를 더욱 신뢰하도록. 나의 사랑과 소명이 더 확
고해지도록. 그리고 그 효과가 나타나고 있다. 나의 설교는
더 담대해진다. 나의 리더십은 더 예리해진다. 성령에 대한 나
의 민감도가 더 강해진다. 그리고 사람들의 생각에 신경을 덜
쓸수록 하나님은 어떻게 생각하시는지를 더 열정적으로 생각
하게 된다. 이 세상을 사랑하는 마음이 덜해지고 내 마음이
영원한 세계에 더 집중하게 된다.

저를 인도하소서.

그것을 기도하라.

하나님, 저를 살피소서.

저의 불안한 생각들을 아옵소서.

제 안에 악한 행위가 있는지 보소서.

그리고 저를 영원한 길로 인도하소서.

기도하면서 하나님의 말씀에 귀를 기울여보라. 그분이 당신에게 보여주실 것을 기다리라. 하나님이 각 요소들을 어떻게 연결하여 당신의 가장 깊은 필요를 드러내시는지 보라.


## 나의 약함과 필요는 하나님의 복된 선물이다

그러나 낙심하지 말고 믿음으로 충만해져라. 당신의 가장 깊은 필요를 발견하는 것은 선물이다. 그것은 기회이고 축복이다. 당신의 가장 깊은 필요가 당신의 마음을 움직여 그리스도께 의존하게 만들 때 그것은 선물이 되기 때문이다.

> 당신의 가장 깊은 필요가 당신의 마음을 움직여 그리스도께 의존하게 만들 때 그것은 선물이 된다.

나는 이것을 나의 딸 맨디에게서 배우고 있다. 앞에서 이야기했듯이 그 아이는 만성피로, 섬유근육통, 그 외 몇 가지 복잡하고 삶을 뒤흔드는 문제들과 씨름해왔다. 맨디에게 병을 잘 견뎌내고 있어 자랑스럽다고 말하자 딸아이가 내 말을 가로막았다.

맨디는 부드럽게 나의 잘못을 바로잡으며 말했다.

"아빠, 저는 견딘다는 단어를 사용하지 않기로 했어요. 견디는 건 일어나는 일에 대한 수동적인 반응이잖아요."

나의 소중한 딸이 목사인 아빠에게 영적 교훈을 줄 때 나는 한 마디 한 마디에 귀를 기울였다. 그 아이는 계속해서 말했다.

"저는 이 모든 상황을 받아들이고 있어요. 저는 하나님께서 제가 그분을 더 잘 알고 또 다른 사람들도 그분을 알도록 도와주시려고 저한테 있는 모든 것을 사용하고 계신다고 믿어요."

나는 눈물을 닦으며, 하나님께서 그 아이를 더욱 가까이 이끄셨다는 것을 인정해야만 했다.

맨디는 외출할 수 없을 때, 자신의 신체 상태로 인해 변화를 가져올 수 있는 기회를 빼앗기는 대신 집에서 사람들을 격려하려는 메시지를 영상으로 남긴다. 이 책을 쓰고 있는 지금, 그 아이의 유튜브 채널을 통해 그리스도에 대한 그녀의 소망과 믿음에 대해 듣고 있는 구독자들이 만 명이 넘는다.

하나님은 당신에게도 그와 같은 일을 하실 것이다.

당신이 약한 곳에 그분의 강함이 있다.

당신이 아픔을 겪는 곳에서 그분의 위로를 경험할 수 있다.

당신이 유혹을 받을 때 하나님의 은혜가 탈출구를 열어줄 것이다.

당신의 두려움이 당신을 하나님께 이끌게 하라. 하나님에 대한 두려움이 사람들에 대한 두려움을 해결하는 유일한 치료책이다.

당신이 정욕과 싸우고 있다면 하나님의 말씀으로 당신의 마음을 새롭게 하라.

당신이 교만에 걸려 넘어지고 있다면 자신을 낮추라. 그러면 하나님이 당신을 일으켜주실 것이다.

당신이 은밀한 죄를 감추고 있다면 하나님께 그것을 고백함으로 용서를 발견하고, 믿을 만한 사람들에게 그것을 고백함으로 치유를 발견하라.

하나님께 진리를 보여달라고 간구하라. 진리는 당신을 자유롭게 해줄 것이기 때문이다.

지루하고, 안전하고, 무의미한 기도에 질렸는가? 영적인 침체에 빠져 있는가? 당신의 믿음은 풍부한가? 당신의 열정이 저조한가? 더 많은 것을 갈망하는가? 순종할 준비가 되어 있는가?

그렇다면 하나님과 대화하는 깊은 물 속으로 들어가 보라. 거룩하신 하나님께 치유를 받기 위해 당신의 마음을 열라. 하나님의 용서와 은혜의 아름다움 속으로 들어가라. 그분의 변함없고, 무조건적이고, 억누를 수 없는 사랑을 구하라. 그리고 용기를 내어 이 위험한 기도를 드려라.

그러나 단지 그 기도만 하면 안 된다. 하나님이 당신에게 보여주시는 것에 응답하라. 당신의 가장 큰 두려움을 통해 믿음으로 들어가라. 당신의 가장 깊은 필요를 받아들이고 그로 인해 그리스도를 의존하는 길로 나아가라.

준비되었는가?

"주여, 저를 살피소서."

# PART 2

# 나를 깨뜨리소서

축사하시고 떼어 이르시되
이것은 너희를 위하는 내 몸이니
이것을 행하여 나를 기념하라 하시고.

고전 11:24

# 나를 깨뜨리소서

## 야베스의 기도가 가진 유용함과 한계

몇 년 전, 브루스 윌킨슨이 《야베스의 기도》(The Prayer of Jabez)라는 최고의 베스트셀러를 저술했다. 그것은 구약성경의 두 구절에 초점을 두었다. 당신이 이 야베스라는 사람에 대해 들어본 적이 없다 해도 놀라운 일이 아니다. 그는 성경에 딱 세 번 언급되었고 따라서 우리는 그에 대해 자세히 알지 못한다.

우리는 그가 귀중한 자(대상 4:9)였다고 듣지만, 야베스라는 이름은 사실 "그가 고통을 초래한다"라는 뜻이다. 그의 어머니가 그를 낳을 때 너무 힘들었기 때문에 그 이름을 야베스라고 지은 것이다(9절). 대부분의 성경학자들은 그의 어머니가 그런 이름을 지어준 것으로 보아, 그를 낳는 과정이 유난히 고통스러웠을 거라고 믿는다. 어쩌면 그것이 바로 야베스가 이 특별한 기도를 드린 이유일 것이다.

"주께서 내게 복을 주시려거든 나의 지역을 넓히시고 주의 손으로 나를 도우사 나로 환난을 벗어나 내게 근심이 없게 하옵소서"(10절).

하나님은 이 간구를 들어주셨다고 한다.

나는 윌킨슨의 책을 읽을 때 이 기도의 단순함에 감명을 받았다. 내게 복을 주소서. 나의 지역을 넓히소서. 주의 손으로 나를 도우소서. 나로 환난을 벗어나 내게 근심이 없게 하옵소서. 이것은 우리 모두가 드리기 원하는 기도의 유형이다. 그렇지 않은가? 내게 복을 주소서(내가 원하는 것을 더 많이 주소서). 나를 보호해주소서(내가 원치 않는 일을 피하게 하소서). 참 이해하기 쉽지 않은가?

내가 여러 가지 버전으로 이 기도를 셀 수 없을 만큼 많이 하는 동안, 나는 그것의 한계를 받아들일 수밖에 없었다. 이 기도는 성경적이고 유용하지만, 우리가 원하는 것에 초점이 맞춰져 있고 그것이 반드시 하나님이 원하시는 것은 아니다. 그것은 안전하다고 편안하다. 어떤 사람은 그것이 다소 근시 안적이고, 심지어 이기적이라고 주장할 것이다.

## 안전과 축복 이상의 것들을 구하는 기도

내가 환난을 당하지 않고 근심이 없게 해달라는 것은 충분히 이해할 수 있다. 누가 고난을 원하는가? 누가 싸우길 원하는가? 하지만 나는 차라리 "하나님, 제가 성장하지 않게 해주소서. 제가 더 강해지지 않게 해주소서. 제가 주님을 더 신뢰하지 않게 하소서"라고 기도하는 편이 더 낫지 않을까 하는 의문이 든다.

시련은 즐겁지도 않고 견디기 쉽지도 않지만, 하나님은 종종 그분의 목적을 위해 시련을 사용하실 수 있다. 사실 예수님의 형제인 야고보는 하나님이 고난을 사용하셔서 우리를 온전케 하시는 것에 감사해야 한다고 말할 만큼 담대했다.

"내 형제들아 너희가 여러 가지 시험을 당하거든 온전히 기쁘게 여기라 이는 너희 믿음의 시련이 인내를 만들어내는 줄 너희가 앎이라 인내를 온전히 이루라 이는 너희로 온전하고 구비하여 조금도 부족함이 없게 하려 함이라"(약 1:2-4).

오직 시련으로부터 보호해달라고만 기도한다면 자신에게서 미래의 성숙함을 빼앗는 것이다. "주여, 저에게 근심이 없게 해주소서"라는 기도는 옳은 것처럼 느껴지며, 종종 그렇다. 하지만 그것이 유일한 갈망이고 가장 큰 우선순위라면 시련이 만들어내는 인내를 놓칠 것이다.

"하나님, 제가 환난을 벗어나게 해주소서"라고 기도하는 것은 지혜로운 것처럼 보이며, 또 그럴 수 있다. 하지만 우리가 더 성숙해지도록 돕고 우리를 그리스도께 더 가까이 이끄는 것은 삶의 도전들이다.

안전과 축복을 구하는 기도도 좋지만, 당신이 더 많은 것을 원한다면 어떻게 할 것인가? 성령께서 주시는 능력, 하늘로부터 오는 힘, 흔들리지 않는 믿음, 아버지와의 진정한 친밀감을 갈망한다면 어떻게 할 것인가?

> 오직 시련으로부터 보호해달라고만 기도한다면 자신에게서 미래의 성숙함을 빼앗는 것이다.

단지 하나님께 당신을 안전하게 지켜주시고 당신의 생명을 보호해주시고 더 많은 것을 달라고 구하는 대신, 하나님께 당신을 깨뜨려달라고 간구해야 할 것이다.

# 환상을 깨라

### 나에게 주실 단 한 가지 약속

27세의 원숙한 나이에 나는 하나님께서 새 교회를 시작하라고 부르시는 것을 느꼈다. 나의 아내 에이미도 나의 비전을 공유했고, 그래서 우리는 함께 꿈을 꾸며 계획을 세우고 추진해갔다. 새 교회의 이름을 정하고 서류 작업을 했다. 새 교회를 시작하면서 이미 우리와 함께하는 데 관심을 표했던 친구들을 모으고, 또 우리가 명단에 넣기 원하는 다른 사람들에게 보낼 초청장을 인쇄했다.

우리가 이상주의적이었다고 말한다면, 절제된 표현일 것이다. 지혜보다는 믿음으로, 나는 교회의 모습을 그려보았다. 나는 강력한 메시지를 전할 것이다. 생기 넘치는 예배와 역동적인 음악과 함께 분위기가 매우 열광적일 것이다. 수많은 사람이 모일 것이고 그들의 삶이 달라질 것이다. 하나님이 영광 받으시고 도시가 달라질 것이다. 그리고 우리는 영원히 행복하게 살 것이다.

마음속에 분명히 정해놓은 계획을 가지고, 나의 멘토 중 한 분인 게리 월터(Gary Walter)와 아침 식탁에 마주 앉았다. 많은 젊은 교회 개척자들이 번성하고 생명을 나누는 교회를 시작하도록 도와준 게리는 전문가로 여겨지는 분이었다. 그는 아버지 같은 관심과 영적 전문가의 지혜로, 너그럽게 나에게 방향과 관점을 제시해주었다. 그가 나의 계획들에 대해 물었을 때 나는 대담하게 나의 비전들을 설명하느라 달걀과 베이컨을 거의 건드리지도 않았다.

그러나 우리 소수의 신실한 사람들이 어떻게 전세계적인 운동으로 확장될 것인지 게리에게 납득시키기 전에, 그가 나의 말을 가로막았다. 그것은 무례하거나 퉁명스럽지 않았다. 실은 그 반대였다. 나는 그가 다정하고, 아버지 같고, 목자 같은 음성으로 부드럽게 내게 어떤 말을 해도 되는지 물었던 것을 결코 잊지 못할 것이다. 내가 고개를 끄덕이자 그는 이렇게 말했다.

"자네에게 줄 단 한 가지 약속이 있네."

그다음에 어색할 만큼 오랫동안 침묵이 흘렀다. 나는 몸을 기울이고 숨을 죽이며 그가 다음에 할 말을 기다렸다. 한 가지 약속? 그가 단 한 가지 약속을 준다면 틀림없이 좋은 일일 것이다. 과연 무엇일까?

어쩌면 하나님께서 우리가 전 세계 열방의 수많은 사람들에게 예수님의 복음을 전하도록 문을 열어주실 거라고 약속할지도 모른다. 그분은 나와 우리 교회를 사용하여 내가 상상한 것보다 더 많은 일을 하실 거라고. 교회를 통한 우리의 노력으로 세상이 달라지고 더 좋아질 거라고.

"자네에게 줄 한 가지 약속은 이걸세. 하나님이 자네를 깨뜨리실 것이네."

천천히, 신중하고 부드럽게 건넨 게리의 말은 그 무게로 나를 짓눌렀다. 나는 그를 쏘아보았다. 나의 표정은 아마 배신감과 혼란이 뒤섞여 있었을 것이다.

'무슨 말입니까? 하나님이 나를 깨뜨리실 거라고요? 그게 무슨 약속입니까? 왜 하나님이 저를 깨뜨리기 원하시는 건데요? 무슨 멘토가 그런 말을 합니까? 그리고 어떤 하나님이 그런 일이 일어나도록 허용하실까요?'


## 온전히 쓰임받기 위한 전제 조건

그의 말 이후 몇 분 동안 무슨 일이 있었는지는 기억이 흐

릿하다. 게리가 이야기를 계속했는지 기억이 나지 않는다. 혹은 내가 반박을 했는지, 아니면 가만히 앉아서 그의 예언자적 발언이 나의 뼈들을 산산조각 내도록 듣고만 있었는지. 다만 그 말을 듣고 망연자실했던 기억만 난다.

그것은 정말로 내가 듣고 싶지 않은 말이었다. 믿고 싶지 않았고, 정말로 그런 일이 일어나길 원치 않았다. 정말이지 나는 하나님께 순종하고 있었고 하나님께서 내게 원하시는 일을 하고 있었다. 그렇지 않은가? 그러면 그와 정반대여야 하지 않은가? 하나님께서 내게 상을 주시거나, 적어도 나를 깨뜨리려 하지는 않으셔야 하는 것 아닌가?

> "하나님께서 어떤 사람의 마음을 깊이 상하게 하시기 전에, 그 사람에게 큰 복을 주실 수 있을지 의문이다." – A. W. Tozer

나는 게리의 의견에 저항하고 싶었지만, 그의 말이 사실이라는 것을 알았다. 그가 나의 환상을 깨뜨린 것이 아니라, 사실이 그랬다. 하나님은 나를 깨뜨리실 것이다. 그리고 적어도 이론적으로는 그로 인해 내가 더 좋아질 것이다. 만일 내가 살아남는다면.

일단 내가 안정을 되찾자 게리가 왜 내가 이 길을 가야만 하는지를 설명해준 것이 기억난다. 게리는 토저의 말을 인용했다.

"하나님께서 어떤 사람의 마음을 깊이 상하게 하실 때까지 그 사람에게 큰 복을 주실 수 있는지 의문이다."

나는 지금 하는 생각을 그때도 했던 것으로 기억한다. 즉 내가 그 사상을 좋아하는지 잘 모르겠다. 그것을 믿기는 했던가? 그것이 하나님께 크게 쓰임받기 위해 내가 치러야 할 대가란 말인가? 더 쉬운 길은 없는가?

게리는 하나님께서 나를 사랑하신다는 것을 상기시켜주었다. 그분은 언제나 내게 가장 좋은 것, 최고의 유익을 생각하신다. 그러나 내가 온전히 하나님께 쓰임 받으려면 나 자신을 비워야만 할 것이다. 하나님은 나의 교만과 자기확신, 자기만족을 깨뜨리셔야만 할 것이다. 심지어 내가 삶에서 제거될 필요가 있다는 것조차 몰랐던 부분들도 깨뜨리셔야 할 것이다.

하나님께 온전히 쓰임 받으려면 자신을 비워야만 한다.

내가 하나님의 영광을 위해 하나님께 쓰임받기를 원한다면 달리 방도가 없었다.

나는 하나님께 굴복해야 할 것이다.

하나님께서 나를 깨뜨리셔야만 할 것이다.

# 나를 깨뜨리지 말아주세요

**솔직히, 깨뜨려달라고 기도하고 싶지 않아요**

"주여, 나를 깨뜨려주소서"라는 기도에 대해 생각할 때면 에이미와 내가 과거에 우리의 소그룹 안에서 겪었던 일이 떠오른다. 바람이 세게 불고 추웠던 1월의 어느 수요일 밤, 우리 부부는 다른 일고여덟 쌍의 커플들과 함께 따뜻하고 아늑한 방에 둘러앉아 바로 이 위험한 기도에 관해 이야기를 나누고 있었다.

나는 우리가 논의하려던 주제에 대해 비꼬는 건 아니지만 아주 대조적인 의견에 부딪히게 되었다.

바깥은 영하 9도 쯤 되고 체감온도는 0도에 가까웠을 것이다. 밖은 우울한 저녁이었으나 우리는 구석에 따뜻한 난로가 있는 편안한 거실에서 가죽 소파에 앉아 있었다. 집에서 요리한 칠리와 옥수수빵을 배불리 먹고, 이제 그런 위험한 기도를 드리는 것이 무엇을 의미하는지에 관심을 돌렸다.

우리는 모두 그렇게 기도하기를 '원한다'는 데 동의했다. 그건 진심이었다. 하지만 그 결과가 두렵다는 것을 부인할 수 없었다. 처음 말을 꺼낸 여성은 그 가능성을 진지하게 받아들였으나 자신의 어려움을 고백했다.

다정한 아내이자 네 아이의 어머니인 그녀는 고등학교 2학년 때부터 신실하게 예수님을 따랐다. 교회에서 어린이 사역을 하고, 십일조도 충실히 냈으며, 아이들의 양육을 돕고, 매주 성경공부에 참석하고, 종종 자원하여 그룹 내에서 큰소리로 기도했다. 하지만 하나님께 자신을 깨뜨려달라고 기도하는 선택에 직면하자 그녀는 거절했다.

"죄송해요. 하지만 솔직히 말해야 할 것 같아요. 전 하나님께 저를 깨뜨려달라고 기도하고 싶지 않아요. 무슨 일이 벌어질지 두렵거든요. 전 네 아이의 엄마예요. 그 아이들을 무척 사랑하고요. 하나님께 저를 깨뜨려달라고 간구하는 건 그야말로 너무 두려운 일이에요. 제가 병이 들거나 우울해지거나 가족을 떠나야 하면 어떻게 하죠?"

## 우리는 편안함을 잃고 싶어 하지 않는다

소그룹 내의 다른 사람들도 대부분 동의하며 고개를 끄덕였다. 한 사람씩, 각자 자기가 그런 위험한 기도를 하기 주저하고 두려워하고 꺼리는 이유를 설명했다. 그래서 우리는 그것에 대해 계속 이야기하면서, 각자 그런 위험한 기도를 하지 않아도 되는 이유를 밝혀내고 합리화했다.

우리는 모두 그리스도인이었고, 불 옆에 편안하게 앉아, 부드러운 찬양을 배경음악으로 따뜻한 커피를 마시고 있었다. 우리가 함께하는 시간이 끝났을 때 아무도 큰소리로 기도하지 않았으나 우리 마음의 부르짖음이 분명해진 듯했다.

"우리를 편안하게 지켜주세요, 하나님. 우리가 따뜻하고 아늑하게 지내게 해주세요. 우리를 깨뜨리지 말아주세요. 그럼 너무 아플 거예요. 부디, 이대로 순탄하게 지내게 해주세요."

> 우리는 편안함에 집착함으로써 무엇을 잃어버리고 있는가?

그러나 그날 나의 질문은 오늘날 우리 모두에게 그대로 남아 있다. 우리는 편안함에 집착함으로써 무엇을 잃어버리고 있는가?

우리는 고통과 불편을 회피하는 데 전념함으로써 무엇을 놓치고 있는가?

고난의 반대편에 그 고난을 가치 있는 것으로 만드는 무언가가 있을까?

　아기새가 주변의 껍질을 깨고 나오듯 깨어짐은 우리의 성장에 꼭 필요한 것일까? 나비가 고치에서 나오는 것처럼?

　깨어짐은 우리가 상상할 수도 없을 만큼 우리를 자유롭게 해줄 수 있을까?

# 깨어짐과 쏟아짐

### 향유 옥합, 깨뜨림의 첫 번째 장면

돌아보면 그 소그룹의 사람들이 그런 식으로, 우리 대부분이 "나를 깨뜨려주소서"라는 대담하고 정말 말도 안 되는 기도를 생각할 때 하듯 반응했던 이유를 이제 알 것 같다.

하지만 또한 우리 대부분은 안전한 길을 택함으로써 안전과 편안함보다 훨씬 귀중한 것을 놓칠 위험이 있다는 것을 깨닫지 못하고 있는 것 같다. 우리는 하나님의 깨뜨림, 그 이면에 어떤 복들이 있을지 알지 못한다.

> 우리는 하나님의 깨뜨림, 그 이면에 어떤 복들이 있을지 알지 못한다.

나는 그리스도의 생애에서 비롯된 두 개의 강력한 장면에 이 복들이 등장하는 것을 본다. 둘 다 마가복음에, 묘하게도

연이어 나온다. 겉으로 보기에는 서로 관련이 없어 보이지만, 매우 일관된 주제가 있다. 어떤 것이 깨어지면 다른 어떤 것이 흘러나갈 수 있다.

첫 번째 예에서, 마가는 예수님이 손님으로 간 저녁식사 자리에 어느 불청객이 등장하는 극적인 장면을 묘사한다. 그 방문객은 창녀였고, 예나 지금이나 다른 사람들이 그들을 보는 관점은 크게 바뀌지 않았다. 여자들은 대개 그들을 천히 여겼다. 대부분의 남자들은 그들을 매매 대상으로 여기거나 판단했고, 혹은 둘 다였다.

우리가 명심할 것은, 어떤 여자도 우리 할머니의 말처럼 '밤의 여자'가 되기를 염원하며 자라지 않는다는 것이다. 대부분의 경우, 자포자기 상태에서 생존을 위해 몸을 팔게 되는 것이다. 많은 이들이 자신의 삶을 개선할 길이 없는 상태에서 무력하고 함정에 빠진 것 같은 기분이 들 것이다.

예수님 시대에도 그와 같았다. 어느 젊은 여자가 창녀가 되었다면, 그것은 오로지 그녀가 더없이 절망적인 상태였기 때문이었다. 그녀는 다른 선택의 여지가 보이지 않았을 것이다. 어쩌면 싱글맘인데 자녀들이 굶주릴까 봐 두려웠을 수도 있다. 어쩌면 노예로 팔렸는데 탈출구를 찾지 못했을 것이다. 어쩌면 평생 학대를 받아서 자존감이 없었고, 생존을 위해 자신의 몸을 이용하는 것보다 자신이 더 가치 있는 존재라고 믿지 않았을 것이다.

우리는 이야기에 등장하는 그 여자에 대해 자세한 것은 알지 못하지만 그녀가 생존을 위해 무엇을 했는지는 안다. 그리고 어딘가에서, 언젠가, 어떻게든 그리스도의 사랑을 접했다는 것을 안다. 그녀가 정확히 언제 예수님을 만났는지, 또는 예수님이 그녀에게 뭐라고 말씀하셨는지 우리는 모른다. 다른 사람들이 그녀의 변화를 목격했는지, 혹은 그녀가 진흙길 어딘가에서 홀로 하나님의 사랑을 경험했는지 우리는 모른다. 우리가 확실히 아는 것은 오직 그녀가 그리스도를 만났다는 것뿐이다.

또한 그녀는 예수님이 다른 분이라는 것을 확실히 알았다. 학대밖에 몰랐던 그녀에게 주님은 언젠가, 어떤 방식으로, 무조건적인 사랑을 보여주셨다. 예수님은 그녀를 존귀하게 대해주시고 그녀를 존중하는 모습을 보여주셨다. 다른 사람들이 망신만 줄 때 주님은 그녀를 존중해주셨다. 예수님은 그분이 만난 모든 회개하는 죄인들에게 베푸셨던 동일한 사랑과 은혜와 자비를 그녀에게 보여주셨을 것이다. 그녀는 수치심으로 가득했지만, 예수님은 그녀가 자신의 가치를 느끼도록 도와주셨다. 그녀는 자신이 쓸모없다고 느꼈지만, 예수님은 그녀에게 가치가 있음을 보여주셨다. 그녀는 죄책감을 갖고 있었으나 예수님은 그녀에게 은혜를 베풀어주셨다.

그래서 그녀는 감사하는 마음을 표현하기 위해 무언가를 하기 원했다. 예수님과 그분의 제자들이 나병환자 시몬의 집에 있다는 것을 알고, 자신을 구속하신 분께 감사를 전하기 위해 그 집에 들어갔다. 사전에 계획된 것이었는지 즉흥적인 행동이었는지는 확실치 않으나, 그녀의 특별한 선물의 가치는 말할 필요도 없다. 그녀는 자신의 가장 귀한 재산인 값비싼 향유 병을 들고 왔고, 억누를 수 없는 예배와 헌신의 행위로 "그 옥합을 깨뜨려 예수의 머리에 부었다"(막 14:3).

### 그녀가 깨뜨린 향유 병은 돈이 아니라 삶이었다

처음에 언뜻 들으면, 그렇게 대단한 일이 아닌 것 같다.

'그녀가 샤넬 향수병을 깨뜨렸어? 그래서 뭐 어쨌는데?'

하지만 그녀를 보고 있던 이들은 그 즉시 여러 단계로 이 선물의 의미를 이해했다.

먼저, 향유의 가치가 있었다. 이 귀하고 비싼 보물은 누군가의 1년치 임금으로 살 수 있는 것이었다. 생각해보라. 당신은 1년에 얼마를 버는가? 한순간, 한 번의 예배로 그 모든 것을 예수님께 드리는 것을 상상해보라. 그것이 바로 이 여자가 한 일이다. 그녀는 그 병을 깨뜨려 모두 드렸다.

명심하라. 이 여자는 자기가 좋아하는 일을 하고 있지 않았다. 1년치의 임금은 곧 1년치의 부끄러움과도 같았다. 1년치의 굴욕. 1년치의 죄였다. 그 해에 그녀는 얼마나 많은 끔찍한 만남을 가졌을까? 얼마나 많은 남자들이 그녀를 이용하고 멸시했을까? 그러나 그녀는 그 병을 깨뜨려 예수님을 경배했다.

당신은 1년에 얼마를 버는가? 한순간, 한 번의 예배로 그 모든 것을 예수님께 드리는 것을 상상해보라. 그것이 바로 이 여자가 한 일이다. 그녀는 그 병을 깨뜨려 모두 드렸다.

이 갑작스러운 선물에 그 방에 있던 사람 중 일부는 충격을 받았다. 깜짝 놀란 그들은 분개하여 서로 "어찌하여 이 향유를 허비하는가? 이 향유를 삼백 데나리온 이상에 팔아 가난한 자들에게 줄 수 있었겠도다" 하며 그 여자를 책망했다(막 14:4,5).

어쩌면 당신과 나도 똑같이 반응했을 것이다. 그것은 매우 낭비이며 미친 곡예처럼 보인다. 그러나 그것은 단지 곡예가 아니었다. 이 사심 없는 헌신의 행위는 그 병 안에 든 내용물의 금전적 가치에서 멈추지 않았다.

그 당시에는 향유가 매우 귀해서, 평범한 여자들은 향유를 사거나 뿌릴 생각을 하지 못했다. 그것은 그저 실현 불가능한 일이었다. 향유는 너무 비쌌다. 그러니 누가 향기를 위해 그 큰돈을 쓰겠는가? 바로 이 여자 같은 여자들이다. 어떤 신학자들은 향유를 뿌린 여자들은 '거리의 여자들'뿐이었다고 믿는다. 향기는 광고의 한 형태였다. 향유를 뿌린 이들은 대담하고 향기로운 메시지를 보내고 있었다. "저는 돈을 주고 살 수 있습니다"라고.

따라서 이 여자가 그 병을 깨뜨려 귀한 향수를 쏟아부었을 때 그녀는 단지 자기가 번 돈을 내놓은 것만이 아니었다. 그녀는 자신의 과거, 자신의 직업, 자신의 생계수단과 이별하고 있었다. 향유는 단지 그녀가 하던 일만 나타내지 않았다. 그것은 또한 그녀가 미래의 "사업"을 일으키는 데 사용할 수 있는 것을 나타냈다. 그녀가 병을 깨뜨렸을 때는 돌아갈 다리를 불태워버린 것이다. 절대 돌아가지 않으리라. 그녀는 모든 향유를 예수님께 부었고, 이는 그녀의 모든 삶을 예수님께 드리는 것을 상징했다.

예수님, 제 삶을 드립니다.
그것은 모두 주님의 것입니다.
제게는 이제 아무것도 없습니다.

그녀는 병을 깨뜨려 모든 것을 쏟아부었다. 그것을 흘려보냈다. 그녀 자신을 내어드렸다. 그녀의 행위는 말로 다 전달할 수 없는 것을 나타냈다.

예수님, 제 삶을 드립니다.

그것은 모두 주님의 것입니다.

제게는 이제 아무것도 없습니다.

"주여, 그 모든 것을 취하소서."

# 떡을 떼는 것

## 최후의 만찬, 깨뜨림의 두 번째 장면

마가는 향유 병을 깨뜨린 것에서 예수님이 직접 어떤 것을 깨뜨리신 다른 장면으로 우리의 관심을 옮긴다. 그것은 향수 병이 아니라 예수님이 제자들에게 나눠주신 떡이었다. 이것은 그냥 식사가 아니라 최후의 만찬으로 알려진 자리였다. 즉 예수님이 돌아가시기 전에 가장 친하고 가장 신뢰하는 친구들과 함께 가지신 마지막 모임이었다.

이 친밀한 식사 자리에서, 예수님은 그들에게 떡과 포도주를 나눠주셨다. 곡물과 포도를 시각 보조 교재로 사용하여, 곧 있을 그분의 고난과 죽음을 예시하신 것이다. 그리고 예수님은 제자들에게 앞으로 그와 같은 상징적인 음식으로 그분을 기억하며 기념하라고 하셨다.

"그들이 먹을 때에 예수께서 떡을 가지사 축복하시고 떼어 제자들에게 주시며 이르시되 받으라 이것은 내 몸이니라 하시고 또 잔을 가지사 감사 기도 하시고 그들에게 주시니 다 이를 마시매 이르시되 이것은 많은 사람을 위하여 흘리는 나의 피 곧 언약의 피니라"(막 14:22-24).

예수님이 하신 일을 정확히 보라. 예수님은 떡을 떼시며 이것이 앞으로 그분께, 그분의 몸에 일어날 일을 상징한다고 설명하셨다. 그 몸은 상하고, 멍들고, 으스러질 것이다. 그분의 등은 잔인한 채찍질을 견딜 것이다. 그분의 얼굴은 주먹에 맞아 피투성이가 될 것이고, 그분의 머리는 가시관에 찔릴 것이다. 그분의 손과 발은 나무 기둥에 못 박힐 것이다. 그분이 매달려 있을 때 사람들이 침을 뱉을 것이다. 그분을 조롱하고 저주할 것이다. 예수님은 아무 잘못이 없으나 유죄선고를 받은 두 강도에게 에워싸이실 것이다. 숨을 쉬기 위해 안간힘을 쓰실 것이다. 고통 속에서 하나님께 부르짖으실 것이다. 자신을 못 박은 자들을 용서하실 것이다. 그리고 우리를 위해 그분의 생명을 주실 것이다. 예수님이 식탁에서 떼신 떡처럼, 예수님의 몸은 부서질 것이다.

제자들에게 그 떡을 나눠주신 후, 예수님은 포도주잔을 드셨다. 천천히, 신중하게, 다정하게, 포도주가 그분의 피를 나

타낸다는 것을 설명해주셨다. 머지않아 죄인들의 죄를 덮기
위해 그분의 피를 흘리실 것이다. 예수님은 하나님의 어린양
이었다. 희생양이 죽임을 당하실 것이다.

예수님이 택하신 자들의 눈빛을 보셨 "사람이 친구를 위하여 자기
을 때 베드로가 그분을 부인하고 유다가 목숨을 버리면 이보다 더 큰
그분을 배신할 거라는 사실을 아셨다. 사랑이 없나니"(요 15:13).

그러나 계속해서 그들을 사랑하셨고 자신의 생명을 내어주
어야 한다는 것을 설명해주셨다(막 14:12-31). 전에 그들에게
"사람이 친구를 위하여 자기 목숨을 버리면 이보다 더 큰 사
랑이 없다"(요 15:13)라고 말씀하셨던 것처럼.

### 부서지고 흐르는 성찬을 내 삶에서도 행해야 한다

예수님의 몸은 부서지고 피가 흐를 것이다.

누가복음은 동일한 식사를 묘사했지만 마가가 언급하지
않은 것을 주목했다. 누가는 "(예수께서) 또 떡을 가져 감사 기
도 하시고 떼어 그들에게 주시며 이르시되 이것은 너희를 위
하여 주는 내 몸이라 너희가 이를 행하여 나를 기념하라 하시
고"라고 기록했다(눅 22:19).

거의 모든 성경학자들은 "이것을 행하라"라는 예수님의 지
시가 제자들에게 그분의 죽음과 부활을 기억하고 높이며 기

넘하는 방법을 알려준다는 데 동의한다. 그 결과 몇 세기 동안 그리스도를 따르는 자들은 모여서 함께 떡을 떼고 포도주를 나누며 예배를 드렸다. 성찬식, 성만찬, 성체성사로 알려진 이 떡과 포도주의 나눔은 예수님의 특별한 희생을 기억하고, 그로 인해 우리가 용서받고 아버지와 영원한 교제를 누릴 수 있다는 것을 기억하도록 도와준다.

그러나 일부 학자들은 "이것을 행하라"라는 예수님의 지시가 떡과 포도주와 관련된 단순하고 간단한 행위, 또는 의식보다 더 많은 것을 포함하고 있었다고 믿으며, 나도 거기에 동의한다. 어떤 이들은 예수님의 이 지시가 또한 우리가 어떻게 살아야 하는지를 나타낸다고 믿는다. 우리는 단지 교회에서 성찬식을 하는 동안만 예수님을 기억하는 것이 아니다. 매일의 삶 속에서 그분을 기억한다. 예수님의 몸이 부서졌고 우리를 위해 그분의 피를 쏟으셨으므로, 우리 또한 매일 그분을 위해 살며 부서지고 쏟아져야 한다.

이것이 처음에는 매력적으로 들리지 않을 것이다. 누가 "깨지고" "쏟아지기" 원하겠는가? 그것은 좋게 말하면 고통스럽고, 나쁘게는 비참하게 들린다. 그러나 우리는 우리의 삶을 드리는 가운데서 참된 기쁨을 발견한다. 우리의 뜻을 따르기보다 하나님의 뜻에 굴복한다. 우리가 원하는 모든 것들로 우리의 삶을 가득 채우려 하는 대신, 다른 사람들의 삶 속에 변화를 일으키기 위해 우리의 삶을 비운다.

우리 친구 제롬(Jerome)과 샤나(Shanna)는 어려움에 처한 많은 어린이들을 자기 집으로 받아들였다. 그들이 도와준 아픈 아이들이 얼마나 많은지 말할 수 없을 정도다. 그 과정에서 그들은 수많은 밤, 눈물을 흘렸다. 그들은 절망감에 괴로워했고, 지나치다 싶을 만큼 나누어주었다.

누가 "깨지고" "쏟아지기" 원하겠는가? 그것은 좋게 말하면 고통스럽고, 나쁘게는 비참하게 들린다. 그러나 우리는 우리의 삶을 드리는 가운데서 참된 기쁨을 발견한다.

그러나 그들은 헌신적인 나눔 속에서 기쁨을 발견했다. 내가 그들에게 하나라도 후회하는 일이 있냐고 묻자, 그들은 전혀 망설임 없이 한목소리로 "아뇨. 우린 너무 많은 걸 받았어요. 이젠 우리가 돌려줘야 할 때예요"라고 말했다. 제롬과 샤나는 깨지고 쏟아지는 삶의 축복을 직접 경험하여 알고 있다.

하나님의 아들과 함께 식탁에 둘러앉아 있던 그 순간에 제자들이 과연 무슨 생각을 하고 무엇을 느꼈는지는 상상하기 어렵다. 그들은 예수님이 돌아가시는 것을 원치 않았다. 아마 예수님이 돌아가실 거라는 사실을 믿지 않았을 것이다. 예수님이 전에 말씀하신 것들이 그들의 머릿속을 스쳐갔을지 궁금하다.

"오… 와우… 이제 알겠다. 예수님은 우리에게 그분의 제자가 되려면 우리 자신을 부인하고 자기 십자가를 지고 그분을 따라야 할 거라고 말씀하셨지!"(마 16:24 참조)

## 안전한 기도의 자리를 떠나서 내어주고 희생하라

우리도 우리 자신에 대해 죽어야 한다. 그래야 그분을 위해 살 수 있기 때문이다. 깨지고 쏟아져야 한다.

그때 제자들은 예수님이 그들에게 자기 십자가를 지라고 요구하신 후에 하신 말씀이 떠올랐을지도 모른다. 예수님과 대화를 나누며 함께 걷던 그때는 주님의 말씀이 너무나 혼란스럽고 이해가 되지 않았다. 그런데 이제는 그 말씀이 좀 더 이해가 되었다. 예수님은 "누구든지 제 목숨을 구원하고자 하면 잃을 것이요 누구든지 나를 위하여 제 목숨을 잃으면 찾으리라"(마 16:25)라고 말씀하셨다.

예수님은 우리에게 편안하고 안락한 삶을 살라고 하지 않으시고, 내어주고 희생하는 삶을 살라고 하신다. 우리의 가장 높은 열망은 우리의 뜻이 이루어지는 것이 아니라 주님의 뜻이 이루어지는 것이어야 한다. 그리고 예수님은 우리가 매일, 매순간 주님을 위해 살 수 있으려면 우리 자신의 생명에 대해 죽어야 한다고 말씀

"누구든지 제 목숨을 구원하고자 하면 잃을 것이요 누구든지 나를 위하여 제 목숨을 잃으면 찾으리라"(마 16:25).

하신다. 다른 사람들을 위해 부서지는 것이 무엇을 의미하는지 알려면 우리의 아늑한 거실과 안전한 기도를 떠나야 한다.

예수님이 "이것을 행하라"라고 말씀하셨을 때 단순히 우리가 가끔 교회에서 행하는 의식에 대해 말씀하신 것이 아니라면 어떻게 될까? 그분이 또한 우리에게 매일 부서지고 쏟아지는 삶을 살라고 하신 거라면? 우리를 겸손과 희생, 관용, 그리고 기쁨의 삶으로 초대하신 거라면 어떨까?

우리가 "하나님, 저를 지켜주시고, 보호해주시고, 축복해주세요"라고 기도하는 대신, 하나님께 우리의 삶 속에서 더 심오한 일을 해달라고 요청했다면 어떻게 되었을까? 하나님의 도우심으로, 그 짐들이 축복이 될 수 있다는 것을 우리가 알았다면 어땠을까? 문제들이 우리를 더 강하게 만들 수 있다는 사실을 우리가 받아들였다면 어땠을까?

시련이 우리의 믿음을 강하게 할 수 있다는 것을 알았다면? 아픔이 우리로 하여금 다른 사람들의 곤경에 더 공감하게 만들 수 있다는 것을 알았다면? 고난이 우리를 그리스도께 더 가까이 이끌 수 있다는 것을 알았다면?

"하나님, 저를 깨뜨려주소서"라고 기도할 용기와 배짱과 믿음이 우리에게 있다면 어떻게 될까? 우리도 그리스도를 위해 부서지고 쏟아지는 삶을 산다면 어떻게 될까?

# 깜짝 장난감 상자

### 위험한 기도를 시작하다

내가 우리 교회를 처음 시작했을 때 나의 멘토 게리는 내가
정말 듣고 싶지 않았던 가장 대담한 약속을 내게 했다. "하나
님이 자네를 깨뜨리실 것이네"라고.

그의 예언자적 발언에 너무나 확신이 있었기에 나는 그를
의심하지 않았다. 그는 하나님이 결국 나를 깨뜨리실 거라고
확신했을 뿐만 아니라, 하나님이 그것을 사용하실 거라는 사
실을 더욱 확신했다. "깨뜨림"은 나를 더 좋게 만들 것이다.
그것은 나의 리더십을 더 예리하게 만들고 내 신앙을 더 깊어
지게 할 것이다. 예수님과의 친밀함이 더 자라게 해줄 것이다.

그래서 나는 우리가 할 수 있는 가장 위험한 기도 중 하나

를 하기 시작했다.

"하나님, 저는 하나님을 매우 신뢰합니다. 하나님께서 저를 사랑하시고, 항상 제 안에서 일하고 계신 것을 압니다. 제 안에서 더 많은 일을 하기 원하신다면 하십시오. 그것이 고통스럽더라도 그 고통을 기꺼이 받아들이겠습니다. 하나님께서 시련을 사용하여 저를 더 강하게 만드시고, 저의 믿음을 세워주시고, 저를 하나님께 더 가까이 이끌기 원하신다면 그것들을 사용하십시오. 하나님, 이 세상을 향한 사랑에서 저를 자유롭게 하는 일이라면 무엇이든 행하여주옵소서. 편안함을 사랑하는 마음을 십자가에 못 박아주옵소서. 하나님, 저를 깨뜨려주소서."

하나님께서 나의 기도를 다 들어주시는 것은 아니지만, 어쨌든 그분이 이 기도에 응답하실 것임을 나는 알았다. "깨뜨림"의 순간이 곧 올 것을 믿고 마음을 다잡았다. 확실히 그 일은 일어날 것이다. 지금. 오늘. 오늘이 아니면 내일이라도. 곧. 하나님이 나를 깨뜨리실 것이다. 나는 그분을 믿었지만 매일 기다리며 궁금해했다. 그게 오늘일까?

긴장감과 두려움 때문에 죽을 것 같았다. 어릴 때 가지고 놀았던 깜짝 장난감 상자(jack-in-the-box)를 기억하는가? 으

스스한 음악이 흘러나오는 동안 당신은 작은 상자 옆면에 있는 작은 레버를 돌린다. 레버가 돌아가고, 당신은 언제 그 일이 일어날지 모르지만 불과 몇 초밖에 안 남았다는 것을 알았다. 그 일은 일어날 것이다. 어느 순간, 상자에서 갑자기 용수철에 달린 인형이 뛰어나와 당신을 깜짝 놀라게 할 것이다(여담이지만, 왜 사람들은 그 공포스러운 상자가 어린아이에게 좋은 장난감이 될 거라고 생각했을까?). 내 기분이 딱 그랬다. 매일매일 레버가 돌아가고 있었다. 음악이 연주되고 있었다. 내가 예상하지 못한 순간에 상자가 갑자기 열릴 것이다. 그리고 하나님이 나를 깨뜨리실 것이다.

## 깨질 때는 묻지 않아도 알게 된다

나는 교회를 개척하는 것이 어렵다는 이야기를 계속 들어왔다. 나에게 그렇게 말해주었던 사람들은 모두 옳았다. 좋은 일들과 축복을 참 많이 경험했고 또 삶이 변화되었지만, 무거운 짐과 힘든 일과 희생으로 인한 고통으로 견디기 힘들 때도 종종 있었다.

몇 달 뒤, 우리 교회는 임대했던 시설을 잃었고 모일 곳이 없어졌다.

'하나님, 지금 뭘 하고 계십니까?'

그때 어떤 취재 기자가 나를 신랄하게 비판하는 기사를 썼다. 나의 동기를 의심하고 우리 가족에게 상처를 주는 소문들을 지어냈다.

'하나님, 왜 그런 일이 일어나게 하셨습니까?'

업무량은 압도적이었다. 너무 힘든 시간이었다. 감당하기 힘든 부담감이 밀려왔다.

'하나님, 과연 제가 해낼 수 있을지 모르겠습니다.'

젊은 목사로서, 나는 사람들에게 상처를 주는 리더십의 실수를 저질렀다. 친한 친구들이 화를 내며 교회를 떠났다. 나는 직원들을 떠나보내야만 했다. 한 사람은 친한 친구였다. 정말 죽을 것처럼 괴로웠다. 한 사람은 가족이었다. 그건 죽음보다 더 괴로웠다.

> 자네가 깨질 때는 자네도 알 거야. 의심의 여지가 없을 테니까. 나에게 물을 필요가 없을 걸세.

힘든 사건들이 일어날 때마다 나는 게리를 찾아가 물었다.

"이제 깨진 건가요?"

그때마다 게리는 부드럽게 "아직 아닐세"라고 말해주었다.

몇 차례 근본적으로 동일한 대화를 나눈 후, 마침내 게리는 나에게 이렇게 말했다.

"크레이그, 자네가 깨질 때는 자네도 알 거야. 의심의 여지가 없을 테니까. 나에게 물을 필요가 없을 걸세."

그의 말이 맞았다.

## chapter 14

# 내리막길

### 내게 닥쳐온 깨뜨림의 사건

나의 깜짝 장난감 상자 속 인형은 결국 너무나 명백하고 내가 예상했던 것보다 훨씬 더 나쁘게 튀어나왔다. 그 초기 몇 년 동안 우리 교회에서 나와 가장 친했던 친구가 있었다. 그 친구 이름을 제이슨이라 부르겠다.

우리가 처음 라이프교회(Life Church)를 시작했을 때 그는 자기가 목회하던 교회를 떠나 우리 교회를 돕기 위해 우리가 사는 도시로 이사왔다. 우리는 직원을 늘리기엔 너무 규모가 작았고, 또 제이슨은 자신의 인생에서 몇 가지 문제를 처리하는 중이었기 때문에 그는 다른 일을 했고 우리는 가까운 미래에 그가 우리 직원으로 합류하는 꿈을 꾸었다. 그는 곧 나와 가장 친한 친구이자 동반자이자 사역 파트너가 되었다.

그러나 많은 사람들이 그렇듯이, 제이슨에겐 몇 가지 비밀이 있었다. 그 당시엔 아무도 그것을 몰랐으나, 그가 저지른 어떤 일로 인해 궁지에 몰린 듯한 느낌이었다. 그 상황에서 빠져나오기 위해 그는 잘못된 결정을 내렸다. 내가 알기로 그는 그 결정을 후회했다. 내가 그 일에 대해 알게 됐을 때 그에게 그 이야기를 하지 않을 수가 없었다. 그의 결정은 나의 신뢰를 저버렸고 우리의 우정을 손상시켰다.

그가 한 일에 대해 묻자 처음엔 그것을 부인했다. 그러다 더 이상 감출 수가 없게 되자 그는 방어적으로 변했고 나에게 소리를 지르기 시작했다. 그는 나에게 거친 말들을 했고 나도 똑같이 거칠게 대응했다. 제이슨은 방에서 뛰어나가 자기 차를 타고 화를 내며 가 버렸다.

그다음 주일날, 제이슨이 교회에 오지 않은 것은 전혀 놀랍지 않았다. 나는 그를 탓하지 않았다. 그는 아주 나쁜 잘못을 했고 그다음에는 해서는 안 될 말을 했다. 그는 뜨거웠다. 나는 상처를 받았다. 하지만 비록 그 배신이 상당히 컸고 내가 배신감과 분노를 느꼈더라도, 제이슨은 여전히 나의 가장 좋은 친구였다. 나는 그가 진정할 거라고 생각했다. 우리는 마침내 그것에 대해 이야기를 나눌 것이고, 서로 용서하고 잊어버릴 것이다. 그리고 계속 나아갈 것이다.

그러나 치유의 대화는 결코 이루어지지 않았다.

약 2주가 지난 뒤, 나는 "당신이 좋아하지 않는 사람들을 사랑하기"라는 주제로 설교를 마쳤다. 자연히 제이슨이 떠올랐다. 그래서 교회에서 집으로 돌아오면서 에이미에게 밤에 제이슨에게 전화를 걸어 둘 사이의 문제를 풀어보겠다고 말했다. 다른 많은 사람들처럼 그는 나에게 상처를 주겠지만, 그는 나의 가장 친한 친구였다. 그는 완벽하지 않고 나도 그랬다. 우리 사이에 이렇게 거리를 두는 것은 옳지 않았다.

집에 와서 유선전화기를 들려고 할 때 자동응답기 표시등이 깜박거리는 것을 보았다. 재생 버튼을 누르니 제이슨의 아내가 흐느끼는 소리가 들렸다. 목이 메인 울음소리로, 그녀는 제이슨이 죽었다고 했다. 스스로 목숨을 끊은 것이다.

# 부서짐으로 인한 연합

## 깨어짐은 결코 전과 같지 않은 삶의 전환점

게리는 내가 언제 깨졌는지 알 거라고 했다. 그래서 누구한테 물어볼 필요가 없을 거라고 했다. 내 친구의 미망인의 이야기를 듣는 순간, 나는 그것을 확실히 알았다. 이제부터 삶이 달라질 거라는 사실을. 내가 결코 전과 같지 않을 거라는 사실을.

나만 그런 것이 아니었다. 제이슨과 친했던 사람들 모두 똑같이 힘들고 슬퍼하며 아파했다. 우리는 모두 부서졌다. 단지 그를 잃어버린 것 때문만이 아니라 그의 죽음을 둘러싼 상황들 때문이기도 했다. 그 후 며칠간은 정신이 없었다. 우리는 서로를 위로하기 위해 최선을 다했고, 제이슨의 가족이 중요한 결정을 하도록 도와주려 했다.

그 비극 이후로, 제이슨의 가족은 그를 발견했던 그 집으로 돌아가지 않았다. 그의 아내와 두 아이들은 집을 옮기는 동안 우리 집에서 함께 지냈다. 우리는 자정까지 울다가 너무 지쳐서 더 이상 눈물이 나오지 않을 때 겨우 잠이 들었다.

누군가가 죽은 후 며칠간은 언제나 기묘하다. 슬퍼하는 중에도 장례식을 위한 계획을 세워야 한다. 당신이 잃어버린 사랑하는 이를 기리는 시간을 준비해야 하는 것이다. 며칠 뒤, 나는 장례식을 집행했다. 장례식장엔 사람들이 가득했다. 나는 깊은 슬픔 중에도, 나와 함께 슬퍼하는 이들에게 어떻게든 소망을 주기 위해 노력했다.

그곳에 있는 어느 누구도 알지 못했으나, 제이슨과 내가 서로에게 했던 마지막 말들은 우리 둘 다 영원히 후회할 말들이었다. 그는 잘못을 저질렀다. 죄를 범했다. 거짓말을 했다. 그리고 하나님과 나를 배신했다. 하지만 나는 그 배신이 더 이상 신경 쓰이지 않았다. 그것은 한때의 일이었을 뿐이다. 다른 길이 보이지 않는 절박한 사람의 잘못된 결정이었다.

그가 어떤 일을 했든, 나는 우리의 우정을 회복하기 위해 더 빨리 행동했어야 했다. 나의 마음은 냉담해졌고 나의 완강한 자존심과 상처받은 자아는 그를 용서하고 내가 그를 도울 방법에 집중하는 것을 방해했다. 죄책감이 밀려와 며칠이 지나도록 계속 울었다. 마음속에서 여러 가지 질문이 쏟아졌다.

'그는 왜 나에게 곤경에 처한 것을 이야기하지 않았을까? 왜 마음을 터놓지 않았을까? 지나고 보니, 그가 괴로워했던 흔적들이 많이 있었어. 왜 나는 그걸 보지 못했을까? 왜 우리의 마지막 대화는 그렇게 끔찍했어야만 했나? 왜 나는 좀 더 일찍 그에게 다가가지 않았을까?'

그다음 주일날, 나는 설교를 하려고 했다. 미리 준비해둔 설교를 시작했지만, 몇 분 내에 내가 도저히 설교를 끝까지 하지 못할 거라는 사실을 알았다. 그래서 소수의 사람들 앞에서 나는 오열을 하고 말았다. 내 인생에서 가장 대중 앞에서 투명했던 그 순간에, 교회를 개척한 이후로 우리가 겪었던 모든 아픔과 상처를 털어놓았다.

제이슨이 죽기 전에 나는 힘들었다. 지쳤다. 압박감을 느꼈다. 두려웠다. 그가 죽은 후에는 완전히 망가졌다. 산산이 부서졌다. 깨졌다. 상처가 남았다.

눈물을 흘리며 나는 죄책감을 느낀다고 교인들에게 말했다. 내가 제이슨에게 다가가지 않은 것에 대한 죄책감이었다. 내가 더 많은 일을 하지 않은 것에 대한 죄책감이었다. 그가 힘들어하는 것을 몰랐던 것에 대한 죄책감이었다.

하지만 나의 죄책감은 제이슨의 비극에 관한 것만이 아니었다. 내가 우리 교회의 성장에 집중하느라 더 좋은 아빠가

되지 못했던 것에 죄책감을 느꼈다. 그리고 아내와 아이들을
만족시키기 위해 애쓰느라 더 좋은 목사가 되지 못한 것에 죄
책감을 느꼈다.

내가 아무리 열심히 노력해도 그저 부족할 뿐이었다.

교인들에게 내가 깨진 것을 느꼈고 기
도보다 더 많은 것이 필요하다고 이야
기했다. 나에겐 사랑과 은혜가 필요했
다. 친구로서 그들이 필요했다. 그리고 과거에 알았던 것보
다 더 많이 하나님이 필요했다.

> 내가 아무리 열심히 노력해도
> 그저 부족할 뿐이었다.

## 함께 깨짐으로써 얻는 깊은 유대감의 축복

그날 우리의 어린 교회에 어떤 변화가 일어났다. 소수의 모
임에서 교회 가족으로, 은혜가 충만한 진짜 공동체로 성장한
것이다. 내가 도움을 청하자 거의 모든 사람이 자기 자리에서
앞으로 나와 기도하고 부르짖으며 예배를 드렸다. 어떤 사람
들은 나와 우리 가족을 위해 기도해주려고 우리의 어깨 위에
손을 얹었다. 우리는 다 같이 상실을 경험했다. 우리는 함께
깨졌다.

우리의 강점들로 사람들을 감동시키기는 쉽다. 하지만 진
정한 유대관계는 약함을 함께 나눔으로써 생겨난다. 우리는

우리가 할 수 있는 일로 사람들을 감동시킬 수도 있을 것이다. 그러나 우리는 함께 싸우는 가운데 하나가 된다. 이것이 깨어짐의 축복 중 하나이다. 우리는 강해지기 위해 싸울 것이다. 스스로 찍은 사진을 올릴 때 가장 좋은 모습을 보여주려 할 것이다. 그리고 그들이 우리를 내려다보는 것을 절대 허용하지 않는다. 하지만 우리가 함께 깨질 때 유대감은 우리가 상상할 수 없을 만큼 더 깊어진다. 특히 하나님의 가족 안에서는 더욱 그렇다. 박해가 언제나 함께 고난 받는 그리스도인들을 연합시키고 강하게 하고 담대하게 하는 것처럼, 깨어짐은 세월이 흘러도 변하지 않는 유대감을 형성한다.

> 우리의 강점들로 사람들을 감동시키기는 쉽다. 하지만 진정한 유대관계는 우리의 약함을 함께 나눔으로써 생겨난다.

깨어짐을 회피하는 대신 받아들이면 어떨까? 우리가 그것을 환영한다면? 심지어 그것을 위해 기도한다면?

"하나님, 저를 깨뜨려주소서."

# 부서짐으로 인한 축복

### 깨어짐 속에서 기쁨을 발견한 사람의 눈물

25년 동안 나에게는 동일한 운동 파트너가 있었다. 그의 이름은 존이지만, 나는 그를 파코(Paco)라고 부른다. 파코가 운동 파트너에게 더 어울리는 이름 같아서이다. 파코는 나보다 나이가 많지만 참 강한 친구이다. 나는 그가 주먹을 휘두르는 것을 본 적이 없었고, 그는 매우 친절해서 누구에게 모욕을 주는 일이 없었다. 하지만 확실히 최악의 상황이 닥친다면 길거리 싸움에서 그가 내 옆에 있기를 원할 것이다.

당신이 짐작하다시피 파코와 나는 함께 울지 않는다.

우리는 우리의 감정에 대해 많이 이야기하지 않는다.

우리는 운동 파트너이지 같이 우는 친구가 아니다.

하지만 그때 어떤 일이 일어났다. 파코가 갑자기 귀 속의 심한 울림을 경험하기 시작했고, 바로 그때 나는 전에 보지 못했던 내 강한 친구의 다른 면을 보게 되었다. 나는 이명(耳鳴)에 대해 많이 알지 못했으나, 파코가 힘들어하는 것을 보고 그것이 얼마나 끔찍한 시련이 될 수 있는지 알게 되었다. 이 지속적인 울림이 멈추지 않는 사람들도 있다. 그리고 치료법도 없다. 더 심한 경우에는(파코의 경우처럼) 기차가 뇌를 통과하는 것처럼 느껴진다고 알고 있다. 하루 24시간 내내. 매일같이.

사용할 수 있는 몇 가지 장치가 있지만, 많은 사람들에겐 그 고통이 견딜 수 없을 만큼 크다. 슬프게도 파코는 그의 의사들이 보아온 최악의 경우에 속했다.

최고의 전문가와 전문의들을 찾아가본 끝에, 파코는 이명을 앓고 있는 다른 사람으로부터 최고의 조언을 들었다. 그 사람은 그 소음이 절대 사라지지 않을 거라고 설명했다. 당신이 그것을 견딜 수 있는 방법은 오직 예전보다 더 하나님과 가까워지고 다른 사람들을 섬기는 일에 자신의 삶을 쏟아 붓는 거라고 했다.

미친 소리로 들리지 않는가? 다 괜찮은 것처럼 행동하며 그냥 받아들이고 웃으라는 것이다. 나는 파코가 이 친구의 조언에 대해 내게 이야기했던 때를 기억한다. 그것은 아무 소용

없는 진부한 말 같았다. 하지만 파코는 이 사람만큼 심한 이명 증상을 겪는 사람을 본 적이 없었기 때문에 밑져야 본전이라는 심정으로 그것을 시도해보았다.

그는 매일 전과 다르게 하나님께 가까이 다가갔다. 하나님의 살아 있는 말씀을 읽었다. 그분의 진리와 사랑을 묵상했다. 예배를 드렸다. 기도했다. 금식했다. 존과 그의 아내 제니퍼는 소그룹을 만들고 다른 사람들에게 정성을 쏟기 시작했다. 그들은 싱글맘과 그 자녀들을 데려와 헌신적으로 그들을 섬기기 시작했다. 그들의 삶을 나누는 동안 뇌 속의 아우성은 결코 나아지지 않았지만, 어쩐 일인지 존은 점차 좋아지기 시작했다. 고통이 줄지 않았으나 존의 기쁨은 커져갔다.

어느 날 체육관에서 우리는 운동을 하려고 했다. 존은 이명이 자기가 상상할 수 있는 최악의 고통이라고 내게 설명했다. 그런데 하나님의 은혜로, 그 어느 때보다 더 하나님과 가까워졌다고 했다. 그는 깨어짐 속에서 기쁨을 발견했다고 말했다.

그의 눈이 먼저 촉촉해졌는지 아니면 내가 먼저였는지 잘 모르겠다. 다만 체육관에 있는 모든 사람들 앞에서, 평생 친구인 우리 둘은 눈물을 참지 못했다.

## 깨어져서 하나님께 의존하게 되는 자의 복

부서지고 자기의 삶을 쏟아 붓는 가운데, 존은 희망을 발견했다. 최악의 고통 속에서 하늘로부터 오는 평안을 발견했다. 그는 그것을 말로 설명할 수 없었다. 나 자신도 그것을 발견한 적이 있었다. 하지만 이제는 그 안에서 그것을 보았다. 우리는 깨어짐 속에서 종종 하나님의 가장 큰 축복을 경험한다.

> 우리는 깨어짐 속에서 종종 하나님의 가장 큰 축복을 경험한다.

이 기도를 드리려면 엄청난 믿음이 필요하다는 것을 인정한다. 그것은 거룩한 담대함을 필요로 한다. 그래서 왜 많은 사람들이 그것을 구하려 하지 않는지 이해가 된다. 하지만 하나님을 온전히 신뢰한 다음에는, 편안함과 안락함 속에서 발견할 수 없는 축복이 온다.

내가 깨질 거라고 게리가 내게 말해주었을 때 나는 공황상태에 빠졌다. 어떻게 해서든 그것을 피하고 싶었다. 하지만 내가 그 고통을 피하려 했다면 축복을 놓쳤을 것이다.

사도 바울은 우리가 모르는 시련으로부터 치유와 구원을 받기 위해 하나님께 절박하게 부르짖었다. 바울은 세 차례에 걸쳐 하나님께 그것을 제거해달라고 애원하고, 간구하고, 탄원했다. 그러나 하나님이 거절하시자, 바울은 다른 방법으로

는 얻지 못했을 무언가를 발견했다.[1]

하나님의 은혜는 충분했다.

하나님이 가장 자주 사용하시는 사람은 누구인가? 하나님은 깨어져서 하나님께 의존하는 사람들을 사용하신다.

최후의 만찬을 나누는 동안, 베드로는 예수님이 자기 몸이 상하실 거라고 설명하시는 것을 들었다. 잠시 후 예수님이 체포되시고 나서, 베드로는 가장 깊은 붕괴를 경험했다. 베드로는 세 번이나 그리스도를 모른다고 부인했다. 세 번째는 누군가가 베드로에게 예수님과 함께 있었냐고 물었는데

> 하나님은 깨어져서 하나님께 의존하는 사람들을 사용하신다.

그때 일을 성경은 "베드로가 이르되 이 사람아 나는 네가 하는 말을 알지 못하노라고 아직 말하고 있을 때에 닭이 곧 울더라 주께서 돌이켜 베드로를 보시니"(눅 22:60,61)라고 기록하고 있다.

몇 년 동안 나는 "주께서 돌이켜 베드로를 보시니"라는 그 마지막 부분을 주목해보지 않았다. 베드로는 예수님을 모른다고 했다. 예수님도 그것을 보셨다. 그리고 그들의 눈이 마

---

1    고린도후서 12장 5-8절에서 바울이 "내 육체에 가시"라고 말한 것으로부터 벗어나게 해달라고 간구하는 것을 볼 수 있다. 하지만 또한 9,10절에서 바울이 가시가 견디기 힘들어도 그로 인해 하나님께 감사드리며 자신이 약할 때 하나님이 그를 강하게 하심을 안다고 말하는 데 주목하라.

주쳤다. 그때 베드로가 느꼈을 수치심과 슬픔과 아픔을 상상할 수 있겠는가?

그러나 예수님이 부활하신 후 베드로가 예수님의 은혜를 경험했을 때 오순절 설교를 위해 그보다 더 준비된 사람이 없었다. 하나님은 베드로를 택하여 이 땅에 세워질 주님의 교회에 기초가 되게 하셨다. 다른 사람들에게 죄에서 돌이키라고 말하게 하셨다. 이는 베드로가 자신의 죄에서 돌이켰기 때문이다.

몇 년 후, 베드로에게 그리스도를 부인하라고 했을 때 이번에는 그가 거절했다. 그리스도의 원수들이 베드로를 십자가에 못 박으려 했을 때 그는 자신의 구세주와 같은 방법으로 죽지 않겠다고 말했던 것으로 전해진다. 대신 그는 십자가에 거꾸로 못 박아달라고 했다. 두려움에 웅크리고 있었던 사람이 이제 믿음 안에서 담대히 선 것이다. 그는 완전히 다른 사람이 되었다. 베드로는 깨지고 쏟아졌다.

우리는 베드로처럼 깨지지 않더라도, 모두 이생에서 선택의 순간에 직면할 것이다. 게리가 나에게 깨질 거라고 말했을 때 처음에는 그 생각을 회피하기 위해 애썼다. 그런데 하나님에 대한 신뢰와 믿음이 커질수록, 나는 그것을 받아들였을 뿐만 아니라 그것을 위해 기도할 용기가 생겼다. 그러나 깨어짐에 대해 내가 이해하지 못한 것이 있었다.

## 깨어짐은 매일 자아의 죽음을 선택하는 결단

하나님 앞에서 진정한 깨어짐은 일회적인 사건이 아니다. 그것은 매일 매일의 결정이다. 바울은 "나는 날마다 죽노라"(고전 15:31)라고 말했다. 그 말은 무슨 뜻인가? 그는 매일 온전히 하나님의 뜻대로 살기 위해 자신의 갈망을 십자가에 못 박기로 선택했다.

우리는 각각 날마다 죽도록 부름 받는다. 깨지고 쏟아져야 한다. 하나님의 영에 의존하게 되어야 한다. 우리의 위로와 지침이 되시며 능력의 근원이신 그분을 의지해야 한다.

그러나 깨어짐은 단지 고통스러운 사건에서 비롯되는 한 순간이 아니다. 그것은 날마다 교만에 대해 죽기로 선택하는 것이다. 정욕을 십자가에 못 박는 것이고 이기심을 파괴하는 것이다. 편안한 삶을 살기보다 믿음의 삶을 살기로 선택하는 것이다.

> 하나님 앞에서 진정한 깨어짐은 일회적인 사건이 아니다. 그것은 매일 매일의 결정이다.

당신은 옳은 일을 하지만 당신을 이해하지 못하는 사람들에게 비난을 받을 때 그것을 경험할 것이다. 또는 당신을 공격하는 사람에게 분노 대신 사랑으로 대응할 때, 혹은 하나님께서 당신에게 명하신다고 믿는 일이 잘 이해가 안 되고 당신의 동료들이 당신을 조롱하더라도 그 일을 신실하게 행할 때 그것을 경험할 것이다.

이 위험한 기도를 하고 싶지 않으면 하지 말라. 많은 사람들이 당신을 탓하지 않을 것이다. 물론 나도 그럴 것이다. 그러나 당신이 그 기도를 할 용기가 있다면 준비를 하라. 전에 경험해본 적이 없는 방식으로 하나님을 알아가고, 또 하나님께 당신을 알릴 준비를 하라.

당신이 경제적으로 힘든 가운데 있다면 하나님께 의지하고 그분의 공급을 신뢰하라. 당신의 삶이 산산조각 나고 있다면 당신도 그와 함께 깨져야 한다. 당신에게 필요한 것은 하나님이심을 믿으라. 하나님이 당신의 마음을 바로잡아주시고 당신의 걸음을 인도해주실 것이다. 의사에게 나쁜 소식을 들었거나 사랑하는 사람의 건강이 걱정될 때 예수님께 기도하라. 그분은 병자를 고치시고 평범한 사람들의 삶 속에서 기적을 행하셨다.

상황이 어려워질 때 많은 사람들이 하나님을 떠난다. 그러지 말라. 우리는 하나님께 달려가야 한다. 깨지지 않으려고 싸우지 말라. 강하게 보이려고 애쓰는 것을 잊어버려라. 약해져야 한다. 약한 모습을 드러내야 한다. 부서져야 한다. 당신의 약함 속에서 주님의 강함을 발견할 것이다. 당신의 깨어짐 속에서 주님의 축복을 발견할 것이다.

상황이 어려워질 때 많은 사람들이 하나님을 떠난다. 그러지 말라. 우리는 하나님께 달려가야 한다.

분명히 말하지만, 이것은 고차원적인 기독교 신앙이 아니다. 깨어짐은 단지 수도사들과 선교사들만을 위한 것이 아니다. 깨어짐은 실제로 첫 단계이다. 그것은 기본적인 기독교 신앙이다. 복음은 와서 죽으라는 초청이다. 당신의 죄들에 대해 죽으라. 당신의 과거에 대해 죽으라. 당신의 육신에 대해 죽으라. 그리고 당신의 두려움들에 대해 죽으라.

그것은 편안한, 미적지근한, 파트타임의 헌신이 아니다. 당신의 삶에 대한 주님의 뜻에 철저히, 담대하게 굴복하는 것이다.

당신은 안전책을 강구할 수 있다. 그러나 당신은 그보다 더 많은 것을 원할 것이다. 나는 다른 선택을 한다. 나는 믿음이 충만하고, 모든 것을 걸고 모험을 하는 사람이다. 소심한 생각이나 안전한 삶으로 하나님을 모욕하지 않을 것이다. 깨어짐의 이면에 축복들이 있다면 나를 깨뜨려달라.

소심한 생각이나 안전한 삶으로 하나님을 모욕하지 않을 것이다.

죄를 범한 여자가 그리스도의 은혜를 접했을 때 자신의 귀한 병을 깨뜨려 모든 향유를 쏟아부었다.

예수님은 그분이 사랑하는 이들을 바라보시고 또 앞으로 올 사람들을 생각하실 때 한 가지 선택을 하셨다. 그분은 깨어짐을 택하셨다. 당신을 위해 그분의 몸이 부서지고 당신의 죄들을 위해 그분의 피가 쏟아졌다.

당신은 더 많은 것을 원하는가? 더 많은 것이 있다는 것을 아는가? 하나님께 영광을 돌리기 원하는가? 그러면 해보라. 기도하라. 시작해보라. 깨지고 쏟아지는 삶을 살라.

각오가 되어 있는가?

그러려면 믿음이 필요하다. 그것은 안전한 기도가 아니다. 틀림없이 그것은 위험하다.

그러나 하나님의 가장 친밀한 축복들이 저쪽에서 당신을 기다리고 있다.

"하나님, 저를 깨뜨려주소서."

# PART 3

# 나를 보내소서

내가 또 주의 목소리를 들으니 주께서 이르시되
내가 누구를 보내며 누가 우리를 위하여 갈꼬 하시니
그 때에 내가 이르되 내가 여기 있나이다
나를 보내소서 하였더니

사 6:8

# 나를 보내소서

## 국가를 위해 무엇을 할 수 있는지를 물으십시오

애국심이 매우 강한 아버지의 아들로서, 나는 어릴 때부터 미국 국기에 대해 경의를 표하는 법을 배웠다. 국가가 나올 때 야구모자를 벗고 오른손을 가슴에 올리기 시작한 지 얼마 안 되었을 때 아버지는 또한 자신이 가장 좋아하는 대통령 중 한 명에 관해 들려주셨다.

1961년 1월, 매섭게 추웠던 어느 날 우리 수도의 거리에는 눈이 20센티미터나 쌓였다. 역대 최연소의 나이로 대통령이 된 존 F. 케네디는 코트나 모자를 착용하지 않은 채 취임식을 위해 연단에 올라갔다. 그리고 케네디 대통령은 1,500단어보다 적고 15분이 채 안 되는 연설로 미래 세대에게 유명한 도전을 제시했으며, 그것은 오늘까지도 메아리친다.

"국가가 여러분에게 무엇을 해줄 수 있는지를 묻지 마십시오. 여러분이 국가를 위해 무엇을 할 수 있는지를 물으십시오."

나는 어렸어도 아버지가 그 장면을 묘사하며 그 말을 들려주실 때마다 가슴이 벅차올랐다. 존 F. 케네디의 도전은 나 자신보다 더 큰 것의 일부가 되라는 초청, 소모하는 데서 그치지 말고 기여하기 위해 노력하라는 간청이었으며 거기에는 나를 감동시키는 무언가가 있었다.

세월이 지나도 그 짧은 말은 여전히 내 조국을 위해 봉사하도록 나를 고무시키는데, 그 말은 하나님 앞에서 나의 기도 생활을 생각할 때 내게 더 큰 의미가 있다.

하나님께 우리를 섬겨달라고 요구하기보다, 우리가 하나님을 섬길 수 있다고 말씀드리면 어떨까?

몇십 년 동안 목사로 살면서, 수많은 사람들의 가장 친밀한 기도 요청들을 직접 보아왔다. 매주 수백 가지 기도제목들이 우리 교회에 쇄도했다. 예배드릴 때 쓰는 기도 카드에서부터 주중에 걸려오는 전화, 소셜 미디어나 우리 교회 앱을 통해 들어오는 온라인 기도 요청까지. 따라서 내가 매주 가장 흔하게 듣는 말이

> 하나님께 우리를 섬겨달라고 요구하기보다, 우리가 하나님을 섬길 수 있다고 말씀드리면 어떨까?

내가 기꺼이 수행하는 일이라는 사실이 전혀 놀랍지 않을 것이다.

"목사님, …를 위해 기도해주시겠습니까?"

나는 잠시 멈추고 어떤 필요를 하나님의 보좌 앞에 올려드리며 내가 알고 사랑하는 사람들을 위해 하나님이 자비를 베푸시고, 움직여주시고, 인도해주시고, 공급해주시고, 행동해주시고, 기적을 행해주시기를 간구하는 그것을 특권이자 영광이요, 즐거운 임무로 여긴다.

매주 누군가가 하나님께 사랑하는 사람의 암을 고쳐달라고, 이웃이 직장을 구하게 도와달라고, 또는 힘든 결혼생활을 회복시켜달라고 요청한다. 학생들은 자기가 선택한 대학에 들어가기 위해, 대학 등록금 마련을 돕기 위해, 부모님의 이혼의 아픔을 극복하기 위해 기도를 요청한다. 어떤 사람들은 배우자를 위해 기도한다.

또 어떤 사람들은 자기에게 상처 준 사람을 용서하기 위해 도움을 구한다. 어떤 이들은 삶의 극심한 시련 속에서 평안을 얻기 위해 부르짖는다. 부모들은 약물에 의존하는 십대들을 위해 기도한다. 남자들, 그리고 때때로 여자들도 포르노 중독과 싸우기 위해 도움을 요청한다. 둘 다 수치심으로부터 회복되기 위해 기도한다.

기도 제목들은 다 다르지만, 사람들은 하나님께 그들을 위해, 또는 그들이 사랑하는 사람을 위해 무언가를 해달라고 요청하고 있다. 하나님, 저를 도와주세요. 하나님, 제가 사랑하는 사람을 도와주세요. 하나님, 저에게 무엇이 필요합니다. 아버지, 제발 좀 해주세요. 하나님, 저를 위해 어떤 것을 해주세요. 부디 제 말을 들어주세요.

## 내 기도의 주어와 목적어를 바꿔보자

물론 우리는 이렇게 기도해야 한다. 우리는 언제나 하나님의 임재, 하나님의 능력, 하나님의 평안이 우리 삶에 개입하기를 간구해야 한다. 하나님께 우리를 위해 기적을 행해달라고 간청해야 한다. 사랑하는 사람들을 하나님께 올려드리며 하나님이 그들의 삶 속에서 어떻게 행하실 수 있는지를 기억해야 한다. 우리의 모든 필요를 위해 하나님을 찾아야 한다.

하지만 거기서 멈춰서는 안 된다.

케네디 대통령의 취임연설에 언급한 그 정신으로, 우리가 단지 우리 자신을 위해 기도하는 것을 거부한다면 어떨까? 이렇게 바꾸어 말해도 될지 모르겠지만, 우리가 기도할 때 "하나님이 나를 위해 무엇을 해주실 수 있는지"를 묻지 말고 "내가 하나님을 위해 무

언제나 하나님께 우리를 위해 어떤 것을 해달라고 요청하는 대신, 하나님을 위해 우리를 사용해달라고 과감히 요청하면 어떨까?

엇을 할 수 있는지"를 묻는다면 어떨까?

하나님께 단지 우리를 위해 어떤 일을 해달라고 요청하는 대신, 하늘에 계신 우리 아버지께 유용한, 위험하고도 자기를 부인하는 기도를 드린다면 어떨까? 언제나 하나님께 우리를 위해 어떤 것을 해달라고 요청하는 대신, 하나님을 위해 우리를 사용해달라고 과감히 요청하면 어떨까? 지금부터 시작해서 우리의 모든 미래를 하나님께 맡기는 용감한 믿음이 우리에게 있다면 어떨까?

우리는 모두 그분의 것이라고 하나님께 말씀드리라.

하나님이 사용하실 수 있도록 늘 대기하고 있으라.

누군가를 축복하고, 누군가를 섬기고, 누군가에게 우리가 줄 수 있는 모든 것을 줄 준비를 하고 있으라.

우리가 가장 위험한 기도를 드린다면 어떻게 될까?

"주여, 저를 보내소서. 저를 사용해주옵소서."

chapter
18

# 하나님이 부르실 때, 응답하라

## 온전치 않은 우리를 부르시는 하나님의 호출

"누가 나를 호출했다"라고 말하면 아마 친구나 친척, 또는 교회 사람이 나와 대화를 나누거나 메시지를 남기기 위해 내 전화번호를 누르는 것을 생각할 것이다(그렇다, 여전히 당신은 다른 사람들과 실제 통화를 하기 위해 당신의 휴대전화를 사용할 수 있다. 비록 그 목적으로 사용되는 경우가 점점 더 줄고 있는 듯하지만).

유선전화나 휴대전화가 나오기 훨씬 전에, 다른 종류의 "호출"이 있었다. 대개 구체적이고 특별한 방식으로 하나님을 섬기라는 하나님의 초대였다. 그분의 부르심은 대체로 당신 자신의 계획과 취향을 내려놓고 하나님이 말씀하시는 곳으로, 하나님이 말씀하실 때, 하나님이 말씀하시는 방법으로 가서, 하나님이 말씀해주시는 사람을 만나고, 하나님이 말씀하시는 일을 할 것을 요구한다.

온전한 복종.

그런 부름에 응답하기란 쉽지 않으며, 우리는 많은 핑계거리들을 생각해내고 싶을 것이다. 하나님이 우리에게 요구하시는 일을 하기에 우리가 자격이 없고, 부족하고, 준비가 되지 않았다고 생각하는 것이 맞을 수도 있다. 하지만 그것은 문제가 되지 않는다.

하나님은 완벽한 사람들을 부르지 않으신다. 하나님은 당신과 나처럼 불완전하고, 흠이 있고, 연약한 사람들을 부르신다.

당신도 알다시피, 하나님은 완벽한 사람들을 부르지 않으신다. 하나님은 당신과 나처럼 불완전하고, 흠이 있고, 연약한 사람들을 부르신다. 그분은 단지 기꺼이 그릇이 되려 하는 사람들을 원하시며, 그들의 삶을 통하여 주님을 위한 변화를 일으키도록 초대하신다.

내가 부족하거나 자격이 없다고 느낄 때마다 하나님이 살인자였던 모세를, 간음한 자였던 다윗을, 창녀였던 라합을 부르셨던 사실을 기억한다. 하나님은 정말로 나쁜 짓을 한 사람들을 부르셨을 뿐만 아니라, 또한 유별나고, 불안정하고, 변덕스러운 사람들을 부르셨다. 하나님께 택함을 받은 전달자, 사역자, 선지자, 지도자들을 생각해보라.

술에 취했던 노아, 공상가였던 이삭, 버림받았던 요셉, 겁

이 많았던 기드온이 있었다. 예레미야는 너무 어렸고, 아브라함은 너무 나이가 많았다. 엘리야는 우울증과 싸웠다. 나오미는 슬픔에 빠졌다. 마르다는 잔걱정이 많았다. 그리고 세례 요한은 곤충을 먹었다.

이들은 결코 슈퍼 히어로가 아니었다. 특별한 성인(聖人)들이었다고 보기도 어렵다. 그러나 하나님은 그들을 부르셨고 그들이 전혀 완벽하지 않았어도 그들을 사용하셨다.

하나님은 변하지 않으셨다. 온전치 못한 사람들을 부르신 그 하나님은 지금도 그렇게 하신다. 지금 하나님은 당신을 부르신다. 당신을 초청하시며, 옆구리를 찌르시고, 끌어당기신다. 하나님의 부르심은 당신이 자신을 초월한 삶을 살게 하고, 단지 자신의 편안함만을 생각하지 않고 주님의 명령에 온전히 따르게 한다. 나아가고, 섬기고, 세우고, 사랑하고, 싸우고, 기도하고, 나누고, 이끌게 한다.


**하나님의 부르심에 대한 반응들**

하나님이 당신을 부르실 때 당신은 어떻게 응답하는가? 구약성경에서 우리는 적어도 세 가지 다른 반응을 보게 된다.

## 거절

선지자 요나는 가장 흔한 반응 중 하나를 대표한다.

"제가 여기 있습니다, 주님. 하지만 저는 가지 않겠습니다."

우주의 하나님은 니느웨라는 도시의 필요를 보셨을 때 그곳의 악하고 반항적인 백성에게 가서 말씀을 전할 자로 요나를 택하셨다. 요나에게는 은사가 있었다. 그는 힘이 있었고 능력이 있었다. 문제는 사용할 수 없다는 것이었다. 요나는 자발적인 의지가 없었고 솔직하게 하나님께 "싫어요"라고 말했다. 하나님이 말씀하셨을 때 그의 임무는 명백했다.

"너는 일어나 저 큰 성읍 니느웨로 가서 그것을 향하여 외치라 그 악독이 내 앞에 상달되었음이니라"(욘 1:2).

요나는 "네, 하나님. 하나님을 위해 무엇이든 하겠습니다. 당신은 나의 주님이시니, 주께서 명하시면 제가 하겠습니다"라고 말할 수도 있었다. 하지만 그런 일은 일어나지 않았다. 자원하는 마음을 갖는 대신, 요나는 멈칫했다. 그는 그저 망설이거나 핑계를 댄 것이 아니라, 하나님을 피해 도망쳤다(욘 1:3 참조).

그래서 나는 의문을 가질 수밖에 없다. 요나는 정말로 자기가 멀리 도망칠 수 있을 거라고 생각했을까? 아니면 단지 진실을 회피하기 위해 시시각각 부인을 했던 것일까? 그것은 현실을 회피하는 것, 또는 요나의 경우 큰 물고기 배 속으로 들어가는 것이었다. 하나님이 그냥 떠나실 것처럼 행동하고, 그러길 바라는 것이다. 또는 하나님이 당신에게 명하신 일에 대해 하나님의 생각을 바꾸려 하는 것이다.

당신은 이런 식으로 반응한 적이 있는가? 어쩌면 하나님의 재촉하심을, 그분을 위해 어떤 일을 하라고 요청하시는 것을 느꼈을 것이다. 그것은 어떤 선물을 주거나 어떤 생각을 나누는 것 같은 사소한 일이었을 수도 있다. 직장을 옮기거나 누군가에게 청혼하는 것같이 좀 더 중요한 일이었을 수도 있다. 그러나 요나처럼 당신은 머뭇거렸다. 시간을 끌었다. 그리고 다른 길로 갔다.

나도 이런 적이 있었다. 한번은 일을 마치고 집으로 오던 중이었다. 우리 가족은 도시에서 자동차로 조금만 가면 되는 곳에 살고 있었지만, 우리 집 근처에는 여전히 개발되지 않은 수천 에이커의 땅이 있었다. 차를 타고 시골길을 가다 보면 지나가는 자동차나 트럭이 한 대도 없는 것은 흔한 일이다. 그래서 어느 날 집으로 가는 길에, 60대 중반 또는 그 이상의 나이로 보이는 여자가 길가에 혼자 서 있는 것을 보고 깜짝 놀랐다. 근처에 고장난 차도 없었다. 그냥 이 여자만 도랑 옆에 서 있었다.

나는 당황했다. 인적도 드문 곳에서 뭘 하는 거지? 길을 잃었나? 뭔가를 찾고 있나? 누굴 기다리나? 그냥 산책 중인가?

좀 이상해 보이는데. 내 안의 모든 것이 나에게 멈추라고 말했다. 그녀를 살펴보라고, 그녀에게 도움이 필요한지 물어보라고. 하나님께서 나를 재촉하시는 것을 분명히 느꼈기도 했고, 또한 멈추는 것이 상식이고 기본적인 인간의 예의라는 걸 알았다.

그러나 나는 계속 운전해 갔다.

왜 나는 멈추지 않았을까? 왜 그녀를 살펴보지 않았을까? 왜 내가 도울 수 있는지 알아보지 않았을까? 나는 아무 생각이 없었다. 그냥 그것을 합리화하려고 했다. 틀림없이 그녀는 괜찮을 거야. 누가 아무 이유 없이 이런 길에 나와 있겠어. 나한테 손짓을 하거나 나를 부르지도 않았잖아.

그러나 이 이기적인 순간은 그 이후로 줄곧 나를 따라다녔다. 왜 나는 멈추지 않았을까? 왜 그 재촉에 순종하지 않았을까? 왜 도움을 주지 않았을까? 맙소사, 나는 목사다. 나는 하나님의 종이 되어야 한다. 하나님의 그릇이요, 하나님의 손과 발이다. 그러나 요나처럼 나는 이기적인 태도를 취했다.

"제가 여기 있습니다, 주님. 하지만 저는 가지 않을래요."

## 주저함과 핑계

하나님의 부르심에 대한 두 번째 반응은 겉으로 드러나게 반항하는 것은 아니지만 그것과 마찬가지로 우리의 영적 건

강에 위험하다. 하나님은 바로 왕이 그분의 택한 백성들을 압제하는 것을 보셨을 때 모세를 부르시고, "이제 내가 너를 바로에게 보내어 너에게 내 백성 이스라엘 자손을 애굽에서 인도하여 내게 하리라"(출 3:10)라고 하셨다.

이보다 더 명백할 수 있겠는가? 하나님은 "내가 너를 보낸다. 지금 가라! 오늘 살아 있는 모든 사람들 중에서 내가 선택한 사람은 바로 너다. 내가 너를 불렀다. 너는 그 일에 필요한 것을 갖고 있다. 내가 너를 보낸다"라고 말씀하셨다.

그러나 모세는 요나와 다른 반응을 보였다. 하나님의 부르심에 대한 확신 가운데 사는 대신, 모세는 자신의 불안감에 파묻혔다. 하나님께서 그분의 택한 그릇을 부르셨을 때 그는 "내가 누구이기에 바로에게 가며 이스라엘 자손을 애굽에서 인도하여 내리이까"(출 3:11)라고 대답했다.

> 하나님의 부르심에 대한 확신 가운데 사는 대신, 모세는 자신의 불안감에 파묻혔다.

그리고 모세는 재빨리 하나님께 자기가 적합한 사람이 아닌 이유들을 모두 이야기했다.

"저는 말을 잘 못합니다. 저는 말을 더듬거리고, 그렇게 좋은 사람도 아닙니다. 저보다 나은 사람이 있을 거예요."

오늘 우리도 이렇게 하고 있다. 하나님께서 우리에게 주라고 도전하실 때 이렇게 말한다.

"그렇지만 하나님, 저는 가진 것이 많지 않습니다. 다른 사람이 더 많이 나눌 수 있을 거예요."

하나님께서 섬기라고 우리를 부르실 때 우리는 이렇게 합리화할 것이다.

"저는 시간이 부족합니다. 틀림없이 이 일에 더 적합한 사람이 있을 거예요."

하나님께서 우리에게 어떤 일을 하라고 촉구하실 때 우리는 온갖 이유를 대며 우리가 하나님께 최선의 사람이 아니라고 이야기하고 싶어 한다. 아는 것이 부족하다, 재능이 부족하다, 별로 좋은 사람이 아니다, 이 일에 우리보다 더 적합한 사람들이 많이 있다….

주님, 제가 여기 있습니다. 하지만 다른 사람을 보내소서.

## 자원함의 응답

또 다른 반응이 있다. 이것은 하나님께 그냥 말하는 것이 아니라 기도이다. 당신도 짐작했겠지만, 그것은 위험하다. 그것은 안전하고 온화하고 자기중심적인 기도가 아니다. 이 기도에는 큰 믿음이 필요하다. 그것은 거의 항상 당신을 행동으로 옮겨갈 것이기 때문에 위험하다. 그것은 자연스럽거나 쉬워 보이지 않는 어떤 일을 하도록 당신을 이끌 것이고, 당신의 안전지대에서 벗어나게 할 것이다.

이사야는 하나님 앞에서 자신을 마음껏 사용해달라는 기도를 드렸다. 구약의 선지자는 하나님이 "내가 누구를 보내며 누가 우리를 위하여 갈꼬?"(사 6:8)라고 물으셨을 때 그 거룩하신 하나님과의 만남에 관해 이야기한다. 자세한 내용도 모르고, 언제, 어디로 가는지도 모르지만, 이사야는 삶을 변화시키는 이 놀라운 기도를 드렸다.

"내가 여기 있나이다 나를 보내소서"(사 6:8).

# 하나님께 영광을

### 어떻게 순종의 위험한 기도를 드릴 수 있을까

솔직히 말해보자. 하나님이 당신에게 원하시는 일이라면 뭐든지 하겠다고 그분께 말씀드리는 것은 두려운 일이다. 그렇지 않은가? 십대 시절 교회 청소년 그룹 안에 있을 때 이렇게 하나님께 쓰임 받는 것에 대해 친구들과 이야기했던 기억이 난다.

내 친구 중 한 명은 하나님이 그를 아프리카 선교사로 보내실 거라고 확신하고 있었다. 거기서 그는 맨몸으로 생활할 것이고, 다시는 전기를 보지 못할 것이며, 땅에 파놓은 구덩이를 화장실로 사용해야 할 거라고 했다. 또 다른 친구는 자기가 매력이 없다고 생각하는 그리스도인 여성과 결혼해야 할 거라고 알고 있었다. 나는 내가 그 위험한 기도를 드리면 하나님이 나를 목사나 그와 비슷하게 끔찍한 무언가가 되게 하실 거라고 생각했다(그야말로 이 기도가 위험하다는 경고 아닌가!).

어떻게 하나님이 원하시는 일이라면 뭐든지 할 수 있는가? 하나님은 당신이 결코 하고 싶지 않은 일을 하라고 하실 수도 있다! 정말 엄청난 일, 불쾌한 일이 될 수도 있다.

이렇게 위험한 순종의 기도는 결코 쉬운 기도가 아니다. 특히 하나님에 대한 깊은 신뢰와 경외심이 없다면 더욱 그럴 것이다. 하지만 당신이 하나님과 그분의 성품과 본질, 그분의 거룩함을 알게 되면 이 기도를 드리고 싶은 마음이 좀 더 생길 것이다. 실제로 하나님이 정말 어떤 분인지를 경험할 때 당신은 그런 연약함을 드러내며 기도하는 것을 즐기게 될 것이다.

## 이사야가 경험한 하나님의 임재

이사야는 진공 상태에서 이 기도를 드리지 않았다. 그 기도는 아무 이유 없이 그냥 나온 것이 아니었다. 이사야서 6장의 첫 구절을 보면 배경을 설정하고, 웃시야 왕이 죽던 해에 그와 하나님과의 만남이 이루어졌음을 설명한다. 웃시야는 사람들이 사랑하고 신뢰하는 왕이었으므로, 인기있는 지도자를 잃은 이스라엘은 혼돈과 소란과 절망의 시기에 빠져들었다.

그러므로 이사야가 매우 불길한 이야기로 예언을 시작하는 것이 타당했을 것이다. 그는 "우리 나라가 가장 어려웠던 해에…"라고 말할 수도 있었다. 또는 "우리 모두가 희망을 잃었던 해에"라고 기록했을 수도 있다.

그러나 자포자기와 두려움이 가득했던 이 기간에, 이사야는 "웃시야 왕이 죽던 해에 내가 본즉 주께서 높이 들린 보좌에 앉으셨는데 그의 옷자락은 성전에 가득하였고"(사 6:1)라고 기록하였다.

이사야는 단지 하나님에 대해 읽거나 다른 사람들이 하나님에 대해 하는 이야기를 들은 것이 아니었다. 그는 하나님을 뵈었다. 특별한 방식으로 하나님의 임재를 경험했다. 하나님께 당신을 사용해달라고 간구한다면, 하나님을 신뢰하는 가운데 그분과의 진정한 만남이 오래 지속될 것이다.

당신은 하나님의 말씀을 읽는 동안 하나님의 임재를 느낄 것이다. 교회에서 예배를 드릴 때 하나님이 당신과 함께 계심을 알게 될 것이다. 산꼭대기에 앉아 하나님의 창조세계를 즐기는 동안 자신이 하나님의 선하심에 사로잡히는 것을 알 수 있다. 당신이 친구에게 당신의 믿음을 나눌 때 하나님이 당신과 함께하시고 당신에게 할 말을 주시는 것을 발견할 것이다. 또

하나님께 당신을 사용해달라고 간구한다면, 하나님을 신뢰하는 가운데 그분과의 진정한 만남이 오래 지속될 것이다.

는 당신은 인생의 어려운 시기에 외로움을 느낄지도 모르나 당신이 정말로 혼자가 아니라는 것을 갑자기 깨닫게 된다. 당신이 고통 중에 있을 때 하나님이 당신과 함께하실 뿐만 아니라 그분은 언제나 그곳에 계셨다.

이사야는 하나님을 보았다. 그리고 하나님의 임재 안에서, 이사야는 큰 감동을 받았다. 그는 충격을 받았고 너무나 놀랐다. 하나님은 높은 곳에 계셨다. 하나님은 그분의 보좌에 앉아 계셨다. 그분의 옷자락이 성전에 가득하였다.

선지자는 하나님을 둘러싸고 그분의 이름을 찬양하는 천상의 피조물들을 인간의 언어로 묘사하려고 최선을 다했다. 이사야는 그들을 스랍, 여섯 날개를 가지고 주 하나님을 둘러싸고 있는 천사 같고 불 같은 존재라고 불렀다. 하나님의 거룩하심 때문에 이 천상의 존재들은 두 날개로 그들의 얼굴을 가렸다. 지극히 높으신 하나님의 영광으로부터 자신들을 보호하기 위함이었다. 이 예배자들은 큰 소리로 서로 부르며 외치기를 "거룩하다 거룩하다 거룩하다 만군의 여호와여 그의 영광이 온 땅에 충만하도다"(사 6:3)라고 했다. 그들의 목소리는 문설주가 흔들리고 성전이 진동할 정도로 크게 울렸다. 그리고 하나님의 영광이 성전을 가득 채웠다.

## 하나님의 성품을 묵상하며 임재의 힘을 느껴보라

당신이 가장 최근에 하나님과의 그러한 만남 속에서 하나님의 영광과 거룩하심에 경외심을 느꼈던 적이 언제였는가? 요즘에는 많은 사람들이 하나님을 아무렇지 않게, 심지어 하찮게 대하는 경우가 너무 많다. 하나님에 대한 대중적인 인식에는 익숙하지만 그분의 거룩하심을 알지 못하는 많은 사람들이 하나님을 당연시한다. 어떤 이들에게 하나님은 그저 "신" 또는 "하늘에 있는 큰 존재"일 뿐이다.

그러나 하나님에 대한 이러한 묘사는 하나님께 합당한 존귀와 영광을 나타내는 일과 견줄 수 없다. 하나님의 가장 순수한 본질 속에서 하나님의 참된 모습을 보았다면, 절대로 하나님을 길에서 만난 친구처럼 언급하지 않을 것이다.

하나님은 너무나 강하신 분이라 무례하게 대할 수 없다. 그분은 너무나 거룩하셔서 가볍게 대할 수 없다. 너무나 선하셔서 우리가 은혜를 잊어버리고 치근치근하게 말을 걸 분이 아니며, 너무나 장엄하셔서 우리가 무심히 당연하게 여길 분이 아니다.

> 하나님의 가장 순수한 본질 속에서 하나님의 참된 모습을 보았다면, 절대로 하나님을 길에서 만난 친구처럼 언급하지 않을 것이다.

하나님이 누구신지 잠깐 보게 해주겠다. 그분의 속성들을 천천히 읽어보라. 그것들을 충분히 음미해보자. 그것들이 당신을 깜짝 놀라게 하고, 압도하게 하

자. 당신이 하나님의 선하심, 하나님의 은혜, 하나님의 영광을 조금이라도 더 알게 될 때 당신의 마음속에서 무슨 일이 일어나는지 보라. 하나님을 좀 더 친밀하게 알아가라. 그분의 거룩하심을 받아들이라. 그분의 위엄과 영광을 경외하라.

하나님의 성품을 묵상하라. 하나님이 하늘과 땅의 창조주이심을 생각하라(창 14:19). 성경은 그분을 영광의 하나님(시 29:3), 스스로 있는 자(출 3:14), 의로우신 아버지(요 17:25)라고 부른다. 하나님은 구원의 요새(시 28:8)시요 영원한 왕(렘 10:10)이시다. 그분은 모든 위로의 하나님(고후 1:3), 모든 은혜의 하나님(벧전 5:10), 평강의 하나님(살전 5:23)이시다. 전능자(창 49:25), 자비롭고 은혜로우신 분(출 34:6). 그리고 소멸하는 불(신 4:24)이시다.

나는 계속 나열할 수 있다. 또한 그것은 당신이 하나님의 다른 속성들을 찾아내고 묵상하기 위해 하나님의 임재 안으로 더 가까이 가게 해줄 것이다. 나는 하나님의 임재와 속성들을 개인적으로 받아들이는 것이 도움이 되는 것을 발견한다. 그분은 단지 우리의 하나님이실 뿐만 아니라 또한 나의 하나님이시다. 당신이 그리스도를 안다면, 즉 제자로서 그분을 따르기 위해 당신의 삶을 헌신했다면 그분은 또한 당신의 하나님이시다.

하나님의 임재의 힘을 느껴보라. 만일 하나님의 영이 당신 안에 계신다면 당신은 확신을 가지고 말할 수 있다. 그분은 나의 반석(시 42:9)이시다. 내 구원의 하나님이시다(시 18:46). 나의 요새이시다(시 144:2). 나의 하나님은 나의 허물을 도말하는 자이시며(사 43:25), 내가 힘들 때 나를 위로하시는 하나님이시다(사 66:13). 우주의 왕이 나의 증인이 되신다(욥 16:19). 그분은 슬픔 중에 나의 위로자이시다(렘 8:18). 내가 불안할 때 나의 확신이 되신다(시 71:15).

하나님은 내가 약할 때 나의 강함이 되신다(고후 12:10). 그분은 나를 돕는 자이시며(시 118:7), 나의 은신처(시 32:7), 나의 소망(시 25:5, 21), 나의 빛(시 27:1)이시다. 그분은 환난 중에 나의 피난처이시며(시 59:16), 나의 노래이시며(출 15:2), 나의 강한 구원자이시다(시 140:7).

하나님은 거룩하시다. 즉 그분의 모든 영광 속에서 구별되시며 완전하시다. 하나님은 거룩하셔서 죄를 차마 보지 못하신다(합 1:13). 하나님은 거룩하셔서 유한한 인간은 그분의 가장 순수한 본질을 보고 살 수가 없다(출 33:20).

그리고 이 거룩하시고 초자연적인 하나님은 노하기를 더디 하시며 사랑이 많으시다(출 34:6). 인류에 대해 그러하실 뿐만 아니라 바로 당신에게도 그러하시다.

하나님의 임재를 인식하게 될 때 당신은 결코 전과 같지 않을 것이다.

## 하나님은 그분을 찾고 가까이하는 자를 가까이하신다

어떤 사람은 이렇게 반박할지도 모른다.

"그래요, 크레이그. 알겠어요. 내가 만일 이사야처럼 하나님을 보았다면 나도 그 위험한 기도를 기꺼이 드렸을 거예요. 하지만 난 그렇게 하나님의 임재를 경험해본 적이 없어요. 내가 주님과 함께한 시간에는 그렇게 극적인 사건이 없어요."

자, 당신과 하나님이 함께하는 시간을 다시 생각해보기를 권한다. 이사야가 하나님을 경험한 것처럼 하나님을 경험하는 것이 가능할 뿐만 아니라, 하나님은 당신에게 그분 자신을 계시해주기를 원하신다.

예수님의 형제인 야고보는 우리에게 하나님을 가까이하라고 가르치며, 우리가 그렇게 할 때 하나님이 우리를 만나주실 거라고 약속한다. 야고보는 "하나님을 가까이하라 그리하면 너희를 가까이하시리라"(약 4:8)라고 했다. 구약성경에서 하나님은 기도에 대해 말씀하시며, 하나님의 백성들이 기도할 때 들으신다고 말씀하셨다. 그리고 하나님은 그분의 자녀들에게, 전심으로 그분을 찾으면 찾게 될 거라고 분명히 약속하신다(렘 29:13).

하나님은 숨바꼭질하고 계시지 않다. 하나님은 당신이 하나님을 알기 원하시며, 당신에게 그분 자신을 보여주시는 것을 기뻐하신다. 하나님을 찾으라. 그분을 가까이하라. 그분께 부르짖으라. 그분이 거기 계신다.

당신이 하나님을 찾고, 기다리고, 부르짖을 때 하나님을 경험하게 될 것이다. 운전하면서 찬송가를 따라부를 때 하나님의 임재를 느낄 수도 있다. 아침에 찬란하게 떠오르는 해를 바라보면서 하나님의 창조와 역사에 감탄할 때 그분의 임재를 느낄지도 모른다. 잠들기 전 당신의 아이와 함께 간단한 기도를 드릴 때 하나님이 함께하시는 것을 알게 될지도 모른다. 문설주가 흔들리지 않아도 하나님이 당신과 함께 계신 것을 알 수 있다. 그것은 하나님이 결코 당신을 떠나지 않으시고 버리지 않으실 거라는 단순한 의식일지도 모른다.

하나님은 숨바꼭질하고 계시지 않다. 하나님은 당신이 하나님을 알기 원하시며, 당신에게 그분 자신을 보여주시는 것을 기뻐하신다.

당신은 초자연적으로 그분의 임재를 느낄 수도 있다. 하나님이 당신과 함께 계신 것을 알 것이다. 그러나 당신이 하나님을 느끼지 못한다 해도, 그분이 당신과 함께 계신 것을 확신할 수 있다. 때때로 당신은 감정이 아니라 믿음으로, 하나님이 당신과 함께 계신 것을 안다. 당신은 어떻게 이 위험한 기도를 드릴 뿐만 아니라 그렇게 살게 될까?

그것은 하나님의 임재를 경험함으로 시작된다.

# 은혜로 구원받은 죄인

**죄를 인정해야 하나님의 임재를 깨달을 수 있다**

어릴 때 나는 하나님의 임재를 느끼고 싶었다. 특히 교회에서는(어쨌든 그곳은 하나님의 집이니까. 그렇지 않은가?) 적절한 표현을 찾기는 어렵지만, 뭔가 초자연적인 느낌을 경험하길 기대했다. 소름이 돋을 것 같은 느낌이랄까. 등골이 오싹해지는 것도 있었다. 나는 이 하늘의 온기가 내 안에 퍼질 때 느껴지는 그분의 평안과 위로를 상상할 수 있었다.

그러나 그런 일은 일어나지 않았다. 대체로 나는 부모님이 교회 갈 때 입혀 준 옷이 불편하게 느껴졌고 얼마나 더 있으면 여길 나가서 점심을 먹을 수 있을까 하는 생각을 했다.

이런 감정들은 모두 느낄 수 있지만, 나는 하나님과의 만남이 대체로 몸의 찌릿함이나 강아지를 안았을 때 느끼는 온기 이상의 것임을 알게 되었다. 그러나 우리가 하나님을 만나기 전에 우리의 삶 속에 있는 죄를 처리하는 것이 종종 도움이 된다. 참으로 하나님께 굴복하고 쓰임받는 경지에 이르려면, 그리고 하나님의 임재를 온전히 깨달으려면 지혜롭게 우리의 죄성을 인정하고 이해해야 한다.

단순히 우리가 "죄인들"이라고 말하면 오늘날 많은 사람들이 불쾌해한다. 우리 문화 속에는 우리가 악하다는 생각을 거부하라고 말하는 자립 전문가들과 동기 부여 전문가들이 있다. 우리는 단지 있는 모습 그대로 우리 자신을 사랑해야 하며 우리가 바꾸고 싶지 않으면 바꿀 필요가 없다고, 우리 스스로 그 일을 할 수 있다고 말한다.

> 참으로 하나님께 굴복하고 쓰임받는 경지에 이르려면, 그리고 하나님의 임재를 온전히 깨달으려면 지혜롭게 우리의 죄성을 인정하고 이해해야 한다.

실제로 나는 최근에 체육관에서 어떤 남자와 대화를 나누었는데, 그는 자신의 인생에 예수님이 필요하지 않다고 했다. 그는 완전히 자신 있게, 예수님이 실제 인물이며 심지어 하나님의 아들이라 해도 자신에게 예수님은 쓸모없다고 말했다. 내가 용서가 필요하지 않냐고 묻자 그는 강하게 "전혀 없어요"라고 대답했다. 그는 자신이 '좋은 사람'이며 자기가 아는 많은 그리스도인들보다 더 낫다고 설명했다. 그가 나쁘지 않은데 어째서 용서가 필요하겠는가?

나는 이 사람이 선한 일을 많이 했다고 믿지만, 본질적으로 우리는 누구도 선하지 않다는 것을 알도록 도와주려 했다. 과거 에덴동산에서의 반역 때문에 우리는 소위 아담의 죄성이라는 것을 물려받았다. 사도 바울은 그것을 이러한 말씀으로 설명했다.

"그러므로 한 사람으로 말미암아 죄가 세상에 들어오고 죄로 말미암아 사망이 들어왔나니 이와 같이 모든 사람이 죄를 지었으므로 사망이 모든 사람에게 이르렀느니라"(롬 5:12).


## 하나님을 알 때 진짜 내 모습을 깨닫는다

하나님이 얼마나 선한 분이신지 알 때 우리가 얼마나 선하지 않은지를 절실히 깨닫게 된다. 그분의 거룩하심은 우리의 악함을 드러낸다. 그것이 바로 이사야에게 일어난 일이었고, 하나님의 임재 안에서 우리에게 일어나는 일이다. 선지자가 하나님의 영광을 보았을 때 "저는 굉장합니다. 저는 하나님처럼 거룩하고 완전합니다"라고 소리치지 않았다. 아니, 이사야는 자신의 부패의 깊이를 깨닫고 이렇게 소리쳤다.

"화로다 나여 망하게 되었도다 나는 입술이 부정한 사람이요 나는 입술이 부정한 백성 중에 거주하면서 만군의 여호와

이신 왕을 뵈었음이로다"(사 6:5).

이사야는 단순히 "제가 잘못했어요. 저는 몇 가지 잘못을
저질렀어요"라고 말하지 않았다. 그는 절망적인 심정으로
"화로다 나여!"라고 소리쳤다. 그의 죄의 깊이를 깨달음으로
슬픔과 회한, 비통함, 진정한 회개의 영을 갖게 된 것이다. 하
나님의 임재 안에서, 이사야는 "내가 망하게 되었도다"라고
말했다. 다른 번역본은 히브리 원어 본문을 "나는 끝났다"라
고 번역한다.

비슷한 반응으로, 모세는 하나님을 바라보기가 두려워 얼
굴을 가렸다(출 3:6). 욥은 하나님의 능력을 보았을 때 자신
을 경멸, 혹은 혐오한다고 말했다(욥 42:6). 베드로는 주님의
발 앞에 엎드려 그의 죄로 인해 예수님께 자기를 떠나달라고
했다(눅 5:8). 우리 중 누구도 모세, 욥, 또는 베드로보다 낫지
않다. 그리고 우리 중 일부는 하나님께 구원을 위해 기도할
때 비슷한 경험을 했을 것이다. 땅에 엎드리지는 않았더라도,
예수님께 당신의 삶을 드리는 것은 당신이 죄에서 구원받아야
하는 필요성을 인식하는 데서 시작된다.

그러나 우리는 왜 우리의 죄를 인정해야만 할까? 그냥 예수
님을 따르기 시작하여 계속 나아갈 수는 없을까? 우리가 얼
마나 이기적이고 반항적인지 직시하는 것이 뭐가 그렇게 중요
할까? 왜냐하면 우리 자신을 죄인으로 보기 전까지는 예수님

이 구세주이심을 온전히 이해하지 못할 것이기 때문이다.

체육관에서 만난 그 남자처럼, 오랫동안 나 역시 나 자신의 죄성을 합리화하려고 했다. 하나님을 따르게 된 이후에도 그랬다. 어쨌든 나는 나보다 더 나쁜 사람들을 알고 있었다. 나는 아무도 죽이지 않았다. 조직폭력배나 학대범도 아니었다. 그러나 내가 위험하게 기도하기 시작했을 때, 즉 하나님께 부르짖으며 그분이 누구신지 알아가기 시작했을 때 나의 자신감은 자기인식으로 바뀌어 갔다. 하나님은 의로우시다. 나는 불의하다. 하나님은 영광으로 가득하시다. 나는 나 자신으로 가득하다.

나는 나의 죄성에 대한 잔혹한 진실을 직시해야만 했다. 나는 이기적이었다. 나는 종종 거짓말을 했고, 가끔 내 것이 아닌 것들을 취했다. 다른 사람들을 시기했고, 정욕을 품었고, 이 세상이 주는 반짝이는 것들을 갖기 원했다.

그러나 위험한 기도를 드릴 때 당신은 하나님을 더 많이 알고 이해하게 될 것이다. 그것은 모든 것을 변화시킨다. 이사야는 그것을 알았다. 아마 당신도 알게 될 것이다. 천사 같은 존재들이 하나님의 거룩하심을 노래할 때 이사야는 자신의 입술이 악하고 부정하다는 것을 알았다. 우리는 오직 하나님의 거룩하심을 받아

> 위험한 기도를 드릴 때 당신은 하나님을 더 많이 알고 이해하게 될 것이다. 그것은 모든 것을 변화시킨다.

들일 때 우리의 죄성을 온전히 알게 될 것이다. 자신을 다른 사람들과 비교하는 한, 나는 그렇게 나쁘지 않다고 우리 자신을 속일 수 있다. 하지만 자신을 하나님과 비교하면, 우리가 참으로 얼마나 불의한지 알게 된다. 이사야처럼, 나는 하나님의 임재를 경험하면서 나의 죄를 깨닫게 되었다. 그리고 이 깨달음은 하나님의 놀라운 은혜를 더 온전히 이해하게 해 주었다.

## 내 죄를 인식해야 은혜를 알게 된다

내가 영적으로 가장 성장하던 시기 중 하나는 오클라호마 시에 있는 제일연합감리교회의 협동목사로 있을 때였다. 인정하기 어렵지만, 아주 많은 면에서 나는 '소명대로 살기'보다는 단지 '한 역할을 연기(演技)'하고 있었다.

높은 기대에 부응해야 한다는 압박감을 느끼며, '목회자다운' 말들을 하기 시작했다. 비록 그것이 완전히 사실이 아니더라도 말이다. 나는 사람들에게 그들을 위해 기도하겠다고 말했다. 내가 하지 않을 거라는 사실을 알면서도 말이다. 심지어는 머릿속이 온통 일로 가득하고 전혀 하나님과 많은 시간을 함께 보내지 않으면서도 마치 하나님과 가까운 것처럼 행동했다.

어느 목요일 아침, 담임목사님 대신 설교를 준비하고 있는데 하나님께서 내 눈을 열어 나의 죄성을 보게 하시는 것을 느꼈다. 하나님께서 내게 주신 이미지는 분명했는데, 나는 '풀타임 목회자'이자 '파트타임 그리스도의 제자'가 되어 있었다. 내가 보여주는 외적인 삶은 내적 헌신을 진정으로 나타내지 못하는 것이었다.

그래서 더 위험한 믿음의 활동으로, 내가 준비하고 있던 설교를 폐기하고, 내가 하나님으로부터 얼마나 멀어졌는지 고백하며 내 마음에서 나오는 좀 더 진실한 메시지를 전했다. 지금까지도, 내가 우리 교회 식구들 앞에서 내 발가벗은 영혼을 드러내 보인 그날 하나님께서 하신 것보다 더 많은 일을 그렇게 많은 사람들의 삶 속에서 행하신 적이 있는지 모르겠다.

이사야는 깊은 절망 속에서 하나님의 은혜의 깊이를 경험했다. 그는 불 같은 스랍이 그의 쪽으로 날아왔을 때 일어난 일을 표현하려고 노력했다. 천사 같은 이가 하나님의 제단에서 붉고 뜨거운 숯을 꺼내 가져왔다. 그 불타는 숯을 선지자의 입술에 댔을 때 하나님의 사자는 말했다.

"보라 이것이 네 입에 닿았으니 네 악이 제하여졌고 네 죄가 사하여졌느니라"(사 6:7).

그 순간의 힘을 상상해보라. 이사야는 자신의 악과 죄와 부끄러움을 그 어느 때보다 더 잘 알게 되었다. 또한 하나님의 존재가 한번 닿음으로 그의 죄가 사라졌다. 잊혀졌다. 용서되었다. 먼저 무조건적인 은혜가 임하면, 그다음은 억누를 수 없는 감사가 따른다.

나의 죄가 사해졌다.

당신의 기도 생활에 연료를 공급하는 데 있어, 하나님의 은혜에 대한 깊은 감사보다 더 좋은 것이 없다. 하나님께서 당신의 모든 거짓을 없애주신다고 상상해보라. 당신의 증오심을 치유해주신다. 당신의 성적인 죄를 깨끗이 씻어주신다.

그것을 받아들이라. 당신이 "그리스도 안에" 있으면 당신의 자기중심적인 결정들은 용서를 받는다. 당신의 분노를 용서받는다. 증오를 용서받는다. 원망을 용서받는다. 자랑을 용서받는다. 시기심을 용서받는다. 질투를 용서받는다. 당신의 모든 죄, 악한 생각들, 탐욕, 위선, 추잡한 험담, 은밀한 정욕, 교만, 배은망덕, 물질주의, 불신, 그 모든 것이 좋으신 우리 하나님의 은혜로 용서받고 잊혀진다.

훗날 이사야는 자신을 용서하신 분의 말을 인용함으로 하나님의 은혜에 생기를 더하려 한다.

"나 곧 나는 나를 위하여 네 허물을 도말하는 자니 네 죄를 기억하지 아니하리라"(사 43:25).

하나님께 용서를 빌면 하나님은 당신의 죄를 기억하지 않으신다. 그 죄들은 사라진다. 용서받는다. 씻겨 없어진다.

그리고 잊혀진다. 숯이 이사야의 죄와 악을 없애주었던 것처럼, 예수님의 보혈이 우리의 죄들을 없애주셨다. 당신이 이 부분을 읽을 때 충분히 오랫동안 멈추고 이 진리들을 깊이 생각하기를, 그래서 이 진리가 죄로 얼룩진 당신의 영혼을 달래주고, 또 위험한 기도를 드리도록 영감을 주기 바란다.

은혜가. 모든 것을. 변화시킨다.

우리는 아무것도 가져오지 않는다.

예수님이 모든 것을 가져오신다.

주님의 임재를 느낄 때 우리의 죄악을 깨닫게 된다. 그리고 주님의 과도하고, 분에 넘치고, 비길 데 없는 은혜에 영원히 감사하게 된다.


## 용서와 은혜를 경험한 자가 믿음의 기도를 드린다

하나님이 어떤 분이신지 알게 되는 순간, 우리 자신의 거짓된 모습을 보게 된다. 또한 예수님이 우리를 위해 하신 일과 우리에게 베푸신 은혜로 인해, 그분께 굴복하는 위험한 기도가 갑자기 그리 버겁게 느껴지지 않는다. 사실 여전히 위험하긴 하지만, 다소 매력적으로 느껴질 것이다.

하나님이 "누가 갈까? 내가 누굴 보낼까?"라고 물으실 때 용서받고 굴복하는 마음에서 나오는 우리의 즉각적인 반응은 믿음으로 충만하고, 온전히 유효한 기도이다.

"제가 여기 있습니다, 주님. 저를 보내소서."

그리고 당신이 이 위험한 기도를 드릴 때 그것은 의무감이나 죄책감에서 나오는 것이 아니다. 예수님이 나와 모든 사람을 위해 하신 일 때문에 이제 나는 주님이 나를 사용하실 수 있게 내어드려야 할 것 같다. 아니, 그것은 담대한 믿음의 기도이다. 그것은 당신의 삶이 당신의 것이 아니라는 깊은 깨달음이다. 당신은 하나님께 속했다. 당신은 하나님의 종이다. 그분의 대사(大使)이며, 이 땅에서 그분을 나타내는 자이다.

하나님이 어떤 분이신지 알게 되는 순간, 우리 자신의 거짓된 모습을 보게 된다.

당신의 기도는 자신에게 초점을 맞추고 "하나님, 저를 위해 이것을 해주세요. 저를 도와주세요" 하는 자기중심적인 요청에서 그리스도를 중심에 두고 복음을 동력으로 삼으며 하나님께 영광을 돌리는 기도로 성장하기 시작할 것이다.

"어디든 좋습니다, 하나님. 언제든 좋습니다. 무엇이든 원하는 대로 하옵소서. 저는 주님의 것입니다."

당신을 용서하신 하나님이 또한 당신을 부르고 택하셨다는 것을 당신은 안다. 매일매일 하나님께는 당신을 위해 계획하신 약속들이 있다. 축복할 사람들이 있고, 나누어야 할 것들이 있고, 섬김의 기회들이 있다.

당신이 주님께 굴복할 때 그분이 어디서 일하고 계시는지 보게 될 것이다. 그분의 마음을 감동시키는 것을 마음으로 느낄 것이다. 당신의 손으로 그분의 사랑을 나타낼 것이다.

격려가 필요한 사람들을 보게 될 것이며, 하나님의 성령이 당신에게 할 말을 주실 것이다. 당신은 어떤 필요를 가진 사람을 보게 될 것이고, 하나님은 당신에게 그 필요를 채워주라고 재촉하실 것이다. 당신은 외로운 사람을 보게 될 것이고, 그들에게 하나님의 사랑을 나타낼 것이다. 당신은 하나님의 종이다. 하나님이 사용하실 수 있고, 열의가 있으며, 갈 준비가 되어 있다.

당신이 주님께 굴복할 때 그분이 어디서 일하고 계시는지 보게 될 것이다. 그분의 마음을 감동시키는 것을 마음으로 그분의 사랑을 나타낼 것이다.

# 매일의 양식

### 우리가 매일 먹이는 것이 자란다

당신이 "나를 보내소서"라고 기도하고 거기서 끝낼 수 있으리라고 생각하기 전에, 당신에게 경고할 것이 있다. 이것은 당신이 기도하고 나서 계속 당신의 삶을 살아가는, 그런 일회적인 위험한 기도가 아니다. 이것은 매일 하나님께 순종하는 또하나의 기도이다.

나를 살펴주소서. 나를 깨뜨려주소서. 나를 보내소서.

왜 이런 기도들을 매일 드려야 할까? 삶을 그리스도께 내어드릴 때 당신의 영이 살아나기 때문이다. 당신은 새롭게 태어나며, 당신의 영은 하나님의 영과 결합된다. 그 순간부터 당신의 내면에서 전쟁이 일어난다.

바울은 그것을 당신의 육신과 영의 싸움이라고 말한다. 육신은 당신의 피부를 말하는 것이 아니다. 바울은 우리의 죄악된 본성을 이야기하고 있다. 옛 본성은 당신에게 가장 수월한 것을 하고 싶어 하고, 새로운 영적 본성은 하나님을 영화롭게 하는 일을 하기 원한다. 그리고 이 두 본성은 당신이 살아 있는 동안 하루에 수도 없이 서로 싸운다. 바울은 이것을 갈라디아 교인들에게 설명하며 이렇게 말했다.

"육체의 소욕은 성령을 거스르고 성령은 육체를 거스르나니 이 둘이 서로 대적함으로 너희가 원하는 것을 하지 못하게 하려 함이니라"(갈 5:17).

당신 안에 계신 성령은 "하나님을 위해 살라"라고 말한다. 당신의 육신은 "너 자신을 위해 살아"라고 말한다. 하나님이 부르실 때 당신의 이기적인 부분은 요나처럼 "저는 가지 않겠습니다"라고 말하거나, 모세처럼 "다른 이를 보내소서"라고 말한다.

우리의 육신이 우리 자신을 위해 살기 원할 때 어떻게 하나님께 복종하며 살까? 어떻게 우리의 이기적인 성향들을 극복하고 그리스도를 위해 헌신적으로 살 수 있을까? 그 답은 매일 복종하는 데 있다. 우리는 매일 우리의 영을 먹여야 한다. 우리가 먹이는 것이 성장하기 때문이다. 당신은 그것이 사실임을 안다. 집에서 기르는 화초에 비료를 주고 물을 주면 화초가 자랄 것이다. 고양이에게 먹이를 너무 많이 주면 고양이가 뚱뚱해질 것이다. 당신의 자아를 먹이면 당신의 자아가 성장할 것이다. 당신이 먹이는 것이 성장한다.

그리고 당신이 굶기는 것은 죽는다.

당신이 화초에 양분을 주지 않고 물을 주지 않으면 그 화초는 시들 것이다. 고양이에게 먹이를 주지 않으면 그 고양이의 미래는 밝지 않다. 당신이 누군가에게 애정을 주지 않으면 그들은 마음속에서 서서히 죽어갈 것이다. 당신이 먹이는 것은 자란다. 당신이 굶기는 것은 죽는다.

당신이 먹이는 것은 자란다.
당신이 굶기는 것은 죽는다.

그러므로 매일 당신의 영을 먹여라. 성경을 읽음으로써 영에 양식을 공급하라. 기도함으로써 하나님의 임재 안에서 시간을 보내라. 다른 신자들과 교제를 나눔으로써 하나님의 선하심을 기뻐하라. 성경을 읽음으로써 하나님의 음성을 들어라.

그리고 당신의 죄악된 자아를 굶겨라. 당신이 원하는 것을 갖기보다는 당신이 더 많이 원하는 것, 즉 하나님께 영광을 돌리는 삶을 위해 그것을 포기하라. 육신의 갈망들을 부인하고, 하나님의 최선보다 못한 것은 거절하라. 당신이 잘못을 범하도록 유혹하는 것을 피하라.

## 하나님의 말씀이 육신을 이길 힘을 주시다

이것이 바로 내 친한 친구 트래비스에게 일어난 일이다. 트래비스는 중학교 시절에 아버지가 감춰둔 〈플레이보이〉(Playboy) 잡지들을 발견했다. 호기심 많은 13살 아이들 대부분이 자제력은 거의 없듯이, 그의 호기심이 그를 압도했다. 살짝 엿보는 것으로 시작한 것이 통제 불가능한 중독으로 커져서, 성인이 되고 결혼한 후로도 그를 따라다녔다. 몰래 보는 그의 습관들에 대해 묻자 그는 나를 구닥다리 내숭쟁이처럼 무시했다. "남자들은 다 봐"라고 말하면서, 가장 강한 변명을 덧붙였다. "적어도 나는 더 나쁜 짓은 안 한다고."

오랫동안 트래비스는 결혼생활에서 힘들어했고 자신의 포르노 중독을 합리화했다. 트래비스는 책 읽는 것을 싫어했기 때문에 좀처럼 성경을 펼치지 않았다. 그러나 우리 교회가 YouVersion Bible이라는 앱을 만들자 그는 더 이상 핑계댈 것이 없었다. 그것은 단순히 읽기만 하는 것이 아니라 또한 소리내어 읽어주는 앱이다.

트래비스는 다양한 성경 말씀들을 듣기 시작했다. 그리고 그는 자기가 택한 거의 모든 본문이 정욕과 순결에 관해, 또는 육신의 정욕을 만족시키는 것의 위험에 관해 언급하고 있다고 했다. 트래비스는 자기에게 문제가 있을 수도 있다는 것을 인정할 준비가 되었다.

그가 매일 아드레날린을 주입하는 시각적 오락물을 보는 것을 멈추려고 노력하자 자기가 생각했던 것보다 문제가 더 심각하다는 것을 알게 됐다. 그는 아내에게 자신의 문제를 고백한 후, 성중독자들을 위한 지원 단체에 가입했다. 그들은 곧바로 그에게 하나님의 능력으로 가득한 자유의 약속을 바라보게 했다. 사도 바울은 "사람이 감당할 시험 밖에는 너희가 당한 것이 없나니 오직 하나님은 미쁘사 너희가 감당하지 못할 시험 당함을 허락하지 아니하시고 시험 당할 즈음에 또한 피할 길을 내사 너희로 능히 감당하게 하시느니라"(고전 10:13)고 담대하게 선언했다. 그것이 바로 트래비스에게 필요한 전부였다. 그는 그 구절을 외우고 그것을 매일 선언했다.

그의 컴퓨터에 추적장치를 부착하고, 케이블 채널들을 삭제하고, 휴대폰에 잠금 설정을 해두었다. 하나님의 말씀과 기도하는 아내, 좋은 친구들의 도움으로, 트래비스는 4년 넘게 포르노물 없이 지냈다. 그리고 그것은 그에게 이겨낼 힘을 주시는 하나님의 말씀에서 시작되었다.

## 하나님은 작고 단순한 일부터 시키신다

당신에게 해로운 것을 피하기 시작할 때 어떤 일이 일어나는가? 시간이 갈수록 당신의 영적인 면이 점점 더 강해진다.

그리고 육적인 면은 죽어가기 시작한다.

당신의 기도는 더 깊어지고, 성숙해지고, 성장할 것이다. 단지 "저를 축복해주세요. 저를 도와주세요. 저를 위해 이것을 해주세요"라고 기도하는 대신 당신의 기도들은 하나님을 중심으로 하고 다른 사람들에게 초점을 맞추게 된다.

"하나님, 오늘 저를 격려의 목소리로 사용해주세요. 곤경에 처한 누군가를 도울 기회를 주세요. 힘들어하는 누군가에게 주님의 사랑을 보여줄 수 있도록 도와주세요. 누군가에게 도움이 될 만한 것이 저에게 있다면, 그들을 축복하는 법을 제게 보여주세요. 제가 여기 있습니다. 저를 보내소서."

> 당신에게 해로운 것을 피하기 시작할 때 어떤 일이 일어나는가? 시간이 갈수록 당신의 영적인 면이 점점 더 강해진다. 그리고 육적인 면은 죽어가기 시작한다.

하나님이 당신을 사용하실 수 있게 될 때 그분은 당신에게 아프리카 선교사로 가라고 하실 수도 있으나, 당신의 일터에서 선교사가 되라고 하실 가능성이 훨씬 더 크다. 당신과 매일 상호작용을 하는 이들에게 하나님의 사랑과 은혜를 보여주라고 말씀하실 것이다.

당신이 복종하는 위험한 기도를 드릴 때 하나님은 당신에게 모든 것을 팔아 가난한 자들에게 주라고 하실지도 모른다. 그런데 아마 제일 먼저 하나님이 당신에게 주신 것을 지혜롭게 관리하게 하는 것부터 시작하실 것이다. 당신의 교회에

십일조를 내게 하실 것이다. 곤경에 처한 이들에게 나누라고 하실 것이다. 한 번에 조금씩 변화를 일으키게 하실 것이다.

당신이 하나님께 온전히 복종할 때 하나님은 분명 단순하고 하찮아 보이는 일들을 하게 하실 것이다. 당신은 '좀 더 크고 중요한 일을 하면 안 되나?'라는 의문이 들지도 모른다. 하나님은 당신에게 작은 일들이 종종 큰일이라는 것을 보여주실 것이다. 단순한 사랑의 행위들이 종종 삶의 가장 큰 변화들로 이어진다.

하나님이 당신을 사용하실 수 있게 될 때 당신에게 아프리카 선교사로 가라고 하실 수도 있으나, 당신의 일터에서 선교사가 되라고 하실 가능성이 훨씬 더 크다.

하나님에 대한 당신의 신뢰가 자라남에 따라 하나님은 때때로 급진적인 일을 하게 하실 것이다. 이해가 안 되는 일, 특별한 믿음이 필요한 일…. 하나님은 당신이 새로운 도시로 이사를 가도록 인도하실지도 모른다. 새로운 사역이나 사업을 시작하게 하실 수도 있고, 위탁 양육이나 입양을 하게 하실 수도 있다. 하나님은 당신이 세계의 다른 곳에 가서 누군가를 섬기도록 하실지도 모른다. 또는 곤경에 처한 사람에게 엄청난 선물을 주게 하실 수도 있다.

비록 그것이 말이 안 되고, 비논리적이고, 전혀 터무니없는 일 같아도, 당신은 "예"라고 대답할 믿음을 갖게 될 것이다. 당신의 삶은 하나님의 것임을 알기 때문이다.

하나님이 당신을 사용하실 때 당신은 더 많은 것을 원하게 될 것이다. 더 많이 성취하기를 원할 것이다. 희생 속에서 더 많은 기쁨을 발견할 것이다. 순종을 통해 더 많은 축복이 온다. 당신은 매일 하나님께 쓰임 받는 짜릿함 속에서 살 수 있다. 하나님의 은혜와 영광을 나타낼 수 있다. 하나님의 사랑과 선하심을 전하는 자가 될 수 있다.

그러나 오직 당신에게 자원하는 마음이 있어야 한다.

# 한 가지 믿음의 행위

**똑같은 삶의 방식을 바꾼 작은 도전들**

몇 년 전, 나는 드디어 꾸준히 일기를 쓰기 시작했다. 내가 "드디어"라고 말하는 이유는 일기를 쓰려고 네다섯 번 정도 시도했지만 매번 몇 주가 지나면 그만두고 말았기 때문이다. 어떤 사람이 에이미와 나에게 준 일기장이 있는데, 우리는 그 것을 즐겨 사용했다. 그것은 매일 5,6줄만 기록하게 되어 있는 5년 일기장이었다. 만약 오늘이 7월 28일이면, 바로 위에 작년과 재작년 7월 28일에 일어났던 일을 볼 수 있다. 5년간 우리 삶의 주요 사건들이 한 페이지에 차곡차곡 채워지는 것이다.

나는 일기를 쓰면서, 내 삶의 많은 날들이 비슷하다는 것을 깨닫기 시작했다. 작년 같은 날, 나는 같은 일을 했다. 거의 매일 나는 같은 일을 한다. 회의에 참석하고, 공부하고, 설교하고, 운동을 한다. 가족과 함께 저녁식사를 한다. 나는 목사로서 하나님께 쓰임받는 기쁨을 누렸지만, 그 중 많은 부분은 단지 그리스도를 따르는 일반적인 신앙이 아니라 내 '일'의 결과이다.

위험한 복종의 기도를 드리는 동안, 하나님은 내 삶에 작은 일을 한 가지 더하게 하셨는데 그것이 큰 변화를 일으켰다. 믿음이 없이는 하나님을 기쁘게 할 수 없으므로(히 11:6 참조) 하나님께서 나에게 매일 믿음이 필요한 일을 한 가지씩 하게 하셨다고 믿는다. 매일, 어떤 일이 됐든, 적어도 믿음 충만한 행동을 한 가지씩 하는 것이다.

그 단순한 도전이 내 삶의 방식을 바꿔놓았다. 수동적으로 존재하는 대신, 믿음을 나타낼 기회들을 찾으며 적극적으로 살기 시작했다. 비행기 안에서 낙담한 듯 보이는 남자를 만났을 때 그와 이야기를 나누며 그의 기운을 북돋워주기 위해 최선을 다했다. 그때 하나님께서 단순한 대화 이상의 것을 하도록 일러주시는 것을 느꼈다. 나는 그에게 두 개의 성경 구절을 포함한 쪽지를 써주었다. 단지 격려의 말을 듣기만 하는 것보다, 다시 찾아볼 수 있게

> 수동적으로 존재하는 대신, 믿음을 나타낼 기회들을 찾으며 적극적으로 살기 시작한다.

글로 기록된 말씀을 주고 싶었다.

또 한 번은 에이미와 내가 장을 보고 있는데 한 여자가 세 아이를 데리고 물건 가격을 꼼꼼히 살피며 쿠폰들을 분류하고 휴대폰 계산기로 숫자를 더하고 있는 것을 보았다. 딱 봐도 경제적으로 궁핍한 것이 분명해 보였기에, 우리는 믿음의 행위로, 우리 아이들 중 한 명을 시켜 그녀에게 현금과 쪽지를 전해주게 했다. "하나님은 당신을 보살펴주시고 당신의 필요들을 채워주기 원하십니다"라고 쓰인 쪽지였다. 우리는 하나님께서 그것을 그녀의 삶 속에서 어떻게 사용하셨을지 모르지만, 하나님께서 우리를 변화시켜주셨다고 믿는다.

또 한 가지 예가 있다. 최근에 나는 어떤 행사에 참석하기 위해 플로리다에 갔다. 행사 주최자인 그 지역의 잘나가는 사업가가 공항에 마중을 나와 곧바로 나를 편안하게 해주었다. 그는 예수님을 사랑하는 것이 명백했고 섬기려는 마음이 강했다.

그는 사업가로서 뛰어났지만, 나는 갑자기 그의 은사를 사역에 사용하도록 하나님께서 그를 부르신다는 생각이 들었다. 그래서 작은 믿음의 걸음을 내디뎌서 그에게 "하나님을 위해 풀타임으로 당신의 은사들을 사용하는 것을 생각해보신 적 있습니까?"라고 물었다. 그는 마침 전날 밤에 자기가 아내에게 그 얘기를 했었다고 말하며, 하마터면 차를 망가뜨릴 뻔했다! 지금 그는 사업체를 팔고 다른 일을 하는 것을 심각하게 고려하는 중이다.

## 하루에 한 번, 믿음의 행위를 하라

매일 믿음을 요구하는 행동을 하는 것이 처음에는 벅차거나 너무 힘들게 느껴질 수 있다. 그러나 일단 시작하면 그것을 즐길 뿐만 아니라 하나님께서 당신을 자기중심적 신앙을 가진 사람에서 자기를 희생하고 하나님께 영광을 돌리며 타인 중심적인 신앙을 가진 사람으로 변화시키시는 것을 느낄 것이다. 당신의 믿음의 행위는 반드시 거창하거나, 위협적이거나, 뉴스거리가 되지 않아도 된다. 그것들은 단순하고, 겸손하고, 심지어 은밀하게 행할 수 있다.

> 당신의 믿음의 행위는 반드시 거창하거나, 위협적이거나, 뉴스거리가 되지 않아도 된다. 그것들은 단순하고, 겸손하고, 심지어 은밀하게 행할 수 있다.

그것은 단순히 자발적이고, 솔직하며, 하나님께 민감하고, 더 많은 위험을 감수하는 것이다. 당신 자신에게서 초점을 옮겨 다른 사람들의 필요를 주목하라. 귀로만 듣지 말고 마음으로 들으라. 행간을 읽고 섬길 방법을 찾으라.

하나님께 당신을 사용해달라고 말씀드린다면 어떨까? 또한 당신은 매일 적어도 한 번은 믿음이 필요한 일을 행할 기회를 찾았는가? 작은 믿음의 행위들은 우리가 시시한 삶을 사는 대신, 하나님을 의지하도록 가르친다. 그것들은 우리를 하나님께 가까이 이끈다. 우리의 믿음을 세워준다.

위험한 기도 그 하나를 기도하라.

믿음의 행위 그 하나를 감행하라.

# 주님의 뜻을 이루소서

### 내 몸을 구체적으로 주께 드리는 기도

날마다 적어도 한 가지씩 믿음의 모험을 하기 시작한 지 얼마 되지 않아, 하나님께 나를 사용해달라고 기도하는 방식 또한 확장했다. 단순히 하나님께 나를 보내달라고 간청하는 대신, 그것을 개인화한 것이다. 하나님은 내 몸의 모든 부분을 창조하셨으므로, 나는 잠시 멈추고 기도하며, 내 몸의 특정 부분들을 그분께 드리는 시간을 갖는다.

하나님께 드리는 이 짧은 기도는 나에게 영적으로 활력을 주고, 감정적으로 나를 강하게 하며, 하나님의 뜻을 행할 용기를 준다. 나의 위험한 헌신의 기도는 매일 조금씩 다르지만, 대체로 이런 식으로 흘러간다.

하늘에 계신 아버지, 아버지께서 저를 위해 예수님을 주셨으므로 오늘 저의 하루를 온전히 드립니다. 저의 모든 부분이 주님의 것입니다. 하나님께서 창조하신 몸의 각 부분을 취하사, 오늘 하나님의 목적을 위해 거룩하게 사용해주옵소서.

하나님, 저의 마음을 드립니다. 저의 생각들을 지켜주소서. 하나님으로부터 오지 않은 생각들을 모두 사로잡아 그리스도와 주님의 모든 진리에 복종시키도록 도와주옵소서. 저의 마음을 새롭게 하소서. 저의 모든 생각이 하나님을 기쁘게 해드리기 원합니다. 순결하고, 탁월하며, 칭찬할 만한 것들을 생각하도록 도와주소서. 하나님의 생각들을 품도록 도와주소서. 오늘 저의 마음이 주님의 온전한 뜻을 향하게 하옵소서.

하나님, 저의 마음이 쉽게 저를 속일 수 있다는 것을 아오니, 마음을 지키도록 도와주옵소서. 제가 하는 모든 일에서 저의 동기들을 깨끗하게 해주소서. 저의 유일한 목표가 하나님을 섬기고 기쁘게 해드리는 것이 되게 하소서. 하나님, 하나님의 마음을 움직이는 것에 제 마음도 움직이고, 하나님의 마음을 상하게 하는 일에 제 마음도 상하며, 하나님께 기쁨을 드리는 일들을 저도 기뻐하도록 도와주옵소서. 제 안에 정결한 마음을 창조해주서. 오늘 저의 온 마음으로 주님을 사랑하고 섬기도록 도와주옵소서.

주여, 주님께 저의 눈을 드립니다. 순결하고 하나님을 영화롭게 하는 일들을 바라보도록 도와주옵소서. 이 세상의 일시적인 쾌락을 탐하지 않도록 저의 눈을 보호해주옵소서. 주님이 보시는 것을 볼 수 있는 눈을 주옵소서. 제 눈은 제 몸의 등불이오니 오늘 제 삶을 통해 주님의 빛이 비추는 것들을 보도록 도와주옵소서.

하나님, 저의 귀를 지켜주옵소서. 악한 자의 그 어떤 거짓말에도 귀를 기울이지 않도록 저를 보호해주옵소서. 오직 저를 이끄시는 주님의 음성, 주님의 성령, 주님의 진리만 듣게 하옵소서.
하나님, 오늘 저의 삶을 위한 하나님의 계획에서 멀어지게 하는 어떤 목소리도 듣지 않도록 도와주옵소서. 주님이 제게 하시는 모든 말씀에 민감하게 하소서. 저의 계획들을 막아주소서. 주님의 계획을 향해 방향을 돌리게 하옵소서. 주님의 음성을 들을 수 있는 귀를 주셔서 주님이 인도하시는 대로 따르게 하옵소서.

하나님, 저의 입을 지켜주옵소서. 오, 하나님, 제가 하는 모든 말들이 하나님을 기쁘게 해드리게 하소서. 다른 사람들을 일으키고 격려해주며 그들이 주님을 바라보게 하도록 저에게 할 말을 주옵소서. 저의 말에 생명을 주고 빼앗는 힘이 있다는 걸 압니다. 저에게 능력을 주셔서 제가 보는 모든 사람에게 생명의 말을 하게 하소서.

하나님, 오늘 세상 속에서 저의 손이 주님의 손이 되게 하소서.
제 손이 하는 일들을 주님께 바칩니다. 저에게 능력을 주셔서 오
늘 생산적인 일을 하고, 제가 하는 모든 일에서 하나님을 높이게
하여 주옵소서. 하나님, 모든 일을 하나님의 영광을 위해 하도
록 저를 도우소서.

주여, 제 발의 걸음을 인도하소서. 주의 말씀이 저의 모든 걸음
을 인도하는 등불이 되게 하소서. 저를 올바른 곳과 올바른 사
람들에게 인도하셔서, 오늘 주님을 가장 잘 섬길 수 있게 해주옵
소서. 주님께 죄를 범하도록 저를 유혹하는 잘못된 장소에 가지
않도록 지켜주옵소서. 하나님, 하나님의 온전한 뜻 안으로 저의
발을 인도하소서.

하나님, 저의 온몸은 주님의 것입니다. 제가 창조되기도 전에,
오늘 제가 할 선한 일들을 주께서 미리 준비해놓으셨음을 압니
다. 하나님, 저를 사용하여 그 모든 일을 하게 하소서. 하나님
은 제게 맡기신 모든 일을 하는 데 필요한 것을 모두 제게 주셨
습니다. 제가 필요들을 보고 그 필요들을 채워주도록 도와주소
서. 힘들어하는 사람들을 제게 보여주셔서 제가 그들을 격려할

수 있게 해주옵소서. 하나님 없이 살아가는 이들에게 저를 인도하셔서 그들이 하나님의 선하심과 은혜를 알도록 돕게 하소서. 하나님, 오늘 저의 모든 부분을 하나님과 하나님의 뜻을 위해 바칩니다. 주여, 제가 여기 있습니다. 저를 보내소서.


## 이 기도를 드린 날은 다르다

거의 모든 날에 나는 이런 위험한 기도를 드린다. 당신이 꼭 이와 같이 기도할 필요는 없지만, 매일 자신을 좀더 하나님께 내어드리는 것을 생각해보았으면 한다. 마음에 떠오르는 대로 기도하고, 하나님께서 사용하실 수 있도록 당신 자신을 드려라. 하나님께 당신이 빛과 소금이 될 수 있는 곳으로 보내달라고 간청하고, 당신과 당신의 주변 사람들 안에 어떤 일이 일어나는지 보라.

당신 자신의 말로 기도하라. 내 입의 말들은 조금씩 달라지지만, 그 배후에 있는 나의 의도는 언제나 같다.

"하나님, 오늘 저를 통해 하나님의 뜻이 이루어지게 하소서."

놀랄 일이 아닌 것이, 내가 시간을 들여 이 기도를 하지 않으면 나의 하루하루가 그리 생산적이지 않다. 나는 종종 더 산만해지고, 더 자기중심적이 되고, 좀더 쉽게 유혹을 받는다. 하지만 이 기도를 드리면 내 마음이 하나님께 중요한 일들을 향해 머물러 있다. 동료에게 어떤 말을 해주거나 친구를 도와주도록 이끄시는 성령의 부드러운 설득을 좀더 의식하게 된다. 온전히 하나님께 헌신하며 하루를 시작할 때 나의 마음은 이 세상의 일시적인 쾌락보다 영원한 것에 초점이 맞춰진다. 나의 하루는 하나님께 중요하다. 또한 그것은 나에게 의미가 있다.

당신을 위해 그 모든 것을 주신 분께 당신의 모든 삶을 바치는 담대하고 믿음 충만한 기도를 매일 드린다면 당신의 삶이 어떻게 바뀔 거라고 생각하는가?

하루를 마칠 때면 하나님이 나를 사용하신 여러 가지 방법들을 볼 수 있다. 나는 일기를 쓰면서, 내가 어떻게 믿음의 걸음을 걸었는지 볼 수 있다. 그리고 공허함과 무의미함과 불만족보다 성취감과 만족감, 그리고 하나님을 향한 감사의 마음으로 벅차오르는 것을 느낀다.

당신을 위해 그 모든 것을 주신 분께 당신의 모든 삶을 바치는 담대하고 믿음 충만한 기도를 매일 드린다면 당신의 삶이 어떻게 바뀔 거라고 생각하는가?

지금 바로 "주여, 저를 보내소서"라고 기도한다면 어떨까?

# 질문이 무엇입니까?

### 대답이 '예'라니 무슨 말이지?

몇 년 전에 한 목사가 들려준 이야기를 나는 결코 잊지 못할 것 같다. 이 숙련된 설교자는 자기가 매주 주일 예배 후에 교회 문 옆에 서서, 차를 타러 가는 사람들과 인사 나누는 모습을 묘사했다. 그는 매주 할머니들과 포옹을 하고 어린아이들과 하이파이브를 하는 기쁨을 설명했다. 교구민들이 그의 메시지를 칭찬하고 하나님이 그를 사용하여 그들에게 말씀을 전하시는 것에 대해 찬사를 보내면 기분이 좋다고 솔직히 인정하기도 했다.

그런 다음에 그 목사는 매트라는 한 남자와의 만남을 묘사했다. 그는 교회에서 정기적으로 보았으나 잘 알지는 못하는 사이였다. 매트는 아마 40대 중반인 듯했고 관자놀이 주변의 머리가 살짝 희끗했다. 눈가의 주름은 그의 인생에서 힘든 시절을 지나왔음을 나타냈으나, 그의 따뜻한 미소와 확신에 찬 악수에 설교자는 지금 매트가 아마 인생에서 더 좋은 시기를 보내고 있을 거라고 믿게 되었다.

그러던 어느 주일예배를 마친 후, 매트는 목사의 두 손을 꼭 잡고 이렇게 말했다.

"목사님, 목사님께 제 대답이 '예'라는 걸 알려드리고 싶습니다. 이제, 질문이 무엇입니까?"

목사는 알 수 없다는 듯이 매트를 보았다.

'불쌍한 사람, 지금 무슨 얘길 하는 거지? 대답이 예라고? 그게 무슨 말이야?'

분위기를 어색하게 만들고 싶지 않았던 목사는 그에게 싱긋 웃으며 고개를 끄덕이면서 말했다.

"고마워요, 매트. 하나님의 축복이 있길 바랍니다."

그다음 주일 예배 후, 매트는 문 앞에서 목사에게 다가와 정확히 똑같은 말을 했다. 그는 진심어린 눈빛으로 목사를 똑바로 쳐다보며 말했다.

"목사님, 목사님께 대한 저의 대답은 언제나 '예'라는 걸 아셨으면 좋겠습니다. 이제, 질문이 무엇입니까?"

목사는 자기가 매트의 말을 제대로 듣지 못했다고 생각했다. 그건 이해가 안 되는 말이었다. 이번에도 그는 고개를 끄덕이며 매트와 악수를 하고 보냈다.

그다음 주일, 그 일은 다시 일어났다. 이번에는 목사가 매트의 말을 제대로 들었다는 것을 알았다. 하지만 여전히 혼란스러웠다.

'대체 무슨 말을 하는 걸까? 대답이 예라니, 무슨 질문에 대한 대답이지?'

더 오래 얘기를 나누면 뒤에 사람들이 기다릴까 봐 목사는 매트에게 나중에 커피 한 잔 하며 이야기 나눌 수 있는지 물었다. 매트는 활짝 웃으며 자신의 연락처가 적힌 명함을 목사에게 건네주었다.

"당연히 좋지요! 저는 이미 제 대답이 '예'라고 말씀드렸잖습니까."


### 나를 변화시키신 분께 언제든 제 것을 기꺼이 드립니다

그 주 화요일에 두 사람은 커피숍에서 만났다. 형식적인 짧은 대화를 마친 후, 목사는 몸을 살짝 숙이며 말했다.

"당신이 제게 한 말이 계속 궁금했습니다. 대답이 '예'라는 건 무슨 뜻입니까?"

매트는 마치 목사가 자기에게 그 질문을 해주기를 평생 기다려온 것처럼 깊이 만족한 표정으로 몸을 뒤로 젖혔다. 그는 단어 하나하나를 신중히 선택하며 천천히 말하기 시작했다.

"저는 항상 지금 같은 사람이 아니었습니다. 살면서 나쁜 짓을 정말 많이 했고 많은 사람들을 힘들게 했어요. 술과 포르노와 도박에 중독되어 살았죠. 그러한 중독이 제 삶을 지배했어요. 전 아내를 배신했고, 제 아이들을 괴롭히며 너무나 고통스럽게 했어요."

매트는 목이 메었고, 목사는 그의 눈에 눈물이 맺히는 것을 볼 수 있었다. 그런데 그것이 아픔과 후회의 눈물이라고 생각했던 목사는 매트의 말을 듣고 깜짝 놀랐다.

"하지만 지금 저는 그 안 좋았던 시간들에 대해 감사하고 있어요. 제가 그리스도께 마음을 여는 데 도움이 되었으니까요. 아시겠지만, 제가 바닥을 쳤을 때 한 친구가 저를 교회로 초대했어요. 그리고 그때 목사님이 그리스도의 은혜에 대해 설교하시는 것을 듣게 되었죠."

그가 '그리스도'라는 말을 했을 때 눈물이 흐르기 시작했다. 매트는 자신의 명백한 감정을 감추려 하지 않고 계속 자기 이야기를 했다.

"처음엔 그냥 듣기만 했어요. 제가 그걸 사실로 믿을 수 있을지 확신도 없었고요. 하지만 몇 달 후 저는 제 삶에 그리스도를 초청했고 그분이 절 변화시키셨어요."

그쯤 되자 목사도 눈물을 감출 수가 없었다. 두 사람은 잠시 동안 말없이 앉아 있었다. 둘 다 같은 구세주에 의해 변화되었다. 두 사람은 함께 커피를 마시며 나누었던 그 짧고 거룩한 순간에 대해 너무도 감사했다.

그때 그 사람이 이렇게 말했다.

"목사님, 목사님을 향한 저의 대답이 항상 '예'라는 걸 목사님이 아셨으면 하는 이유가 바로 그것입니다. 예수님이 우리 교회를 통해 제 삶을 이렇게 변화시켜주셨기에, 저는 언제나 예수님께, 또 목사님께 시간을 내드릴 것입니다. 목사님이 저에게 교회 마당의 잔디를 깎으라고 하시면 영광으로 여기고 할 것입니다. 싱글맘을 돕기 위해 돈이 필요하다 하시면 제가 주저없이 드리겠습니다. 과부를 차에 태워 교회에 데려올 사람이 필요하다면 제가 기사가 되어드리겠습니다. 목사님, 저의 대답은 언제나 '예'라는 걸 목사님이 아셨으면 좋겠습니다. 그러니 질문이 무엇인지만 알려주세요."


## 어떤 말씀에도 '예'라고 준비된 마음

그것이 하나님께서 사용하실 수 있는 사람의 마음이다.

그런 열린 마음이 이 위험한 기도의 본질이다. 이사야는 하나님의 임재를 경험했을 때 자신의 악하고 손상된 상태를 인식하게 되었다. 그때 스랍이 타는 숯을 그의 입술에 대자 하나님께서 그의 죄를 용서해주셨다.

하나님의 선하심, 하나님의 은혜, 하나님의 사랑 덕분에 이사야의 대답은 담대했다. 저를 보내소서. 어디든. 언제든. 빈 계약서에 서명을 하겠습니다. 세부항목들은 하나님께서 채워주시면 됩니다. 저를 사용하소서. 저의 삶은 온전히 주의 것입니다. 주의 뜻이 저의 뜻이 되게 하소서. 주의 계획이 저의 계획이 되게 하소서.

이사야가 자세한 사항들을 묻지 않았다는 것에 주목하라. 그는 하나님께 어디서, 혹은 언제, 무슨 일이 일어날 것인지 묻지 않았다. 이것이 바로 이 기도가 그토록 위험하게 느껴질 수 있는 이유이다.

"하나님, 저를 보내소서. 저를 사용하소서. 저는 자세한 것들을 묻지 않습니다. 그로 인한 혜택들은 알 필요가 없습니다. 또는 그 일이 쉬울지, 즐거울지 알 필요가 없습니다. 당신이 저의 하나님, 저의 왕, 저의 구세주이시므로 저는 당신을 신뢰합니다. 당신이 우주의 통치자이시므로 저의 의지를 드리고 저의 모든 부분을 드립니다. 저의 생각과 눈과 입과 귀와 마음과 손과 발을 취하시고 저를 주의 뜻으로 인도

당신이 나의 하나님. 나의 왕. 나의 구세주이시므로 저는 당신을 신뢰합니다. 당신이 우주의 통치자이시므로 저의 의지를 드리고 저의 모든 부분을 드립니다.

하소서. 주님을 신뢰합니다. 하나님, 저의 대답은 '예'입니다. 그럼 질문은 무엇인가요?"

당신이 이런 식으로 기도한다고 상상해보라. 안전한 기도에 질렸는가? 중요하지 않은 것들을 위해 사는 것에 진저리가 나는가? 열성이 없고 미지근한 기독교 신앙을 경멸하는가? 그렇다면 위험한 기도를 드려라.

제가 여기 있습니다, 주님.

저를 보내소서.

저를 사용하소서.

> 열성이 없고 미지근한 기독교 신앙을 경멸하는가? 그렇다면 위험한 기도를 드려라.

# 주여, 저를 흔들어주소서

여호와께서 내 음성과 내 간구를 들으시므로 내가 그를 사랑하는
도다 그의 귀를 내게 기울이셨으므로 내가 평생에 기도하리로다!
시 116:1,2

우리가 무엇에 관해 기도하는지는 매우 중요하다. 그런데
그것은 중요할 뿐만 아니라 또한 흥미로운 사실을 드러낸다.
우리 기도의 내용은 대부분의 사람들이 상상하는 것보다
우리 자신에 관해, 또 우리와 하나님의 관계에 관해 더 많은
것을 말해준다. 우리가 기도하는 내용은 우리가 하나님에 대
해 무엇을 믿는지를 나타낸다. 기도의 대부분이 '우리 자신'이
나 '우리에게 중요한 일'을 위한 것이라면, 우리의 기도 내용은
우리가 마음 깊은 곳에서 하나님이 전적으로 우리를 위해 존
재하신다고 믿고 있음을 알려준다.

그러니 잠시 시간을 내어 기도를 점검해보자. 당신이 최근에 기도한 모든 것에 관해 생각해보라. 평생 했던 기도가 아니라 지난 일주일간 했던 기도만 돌아보자. 지난 주에 하나님께 간청했던 것들을 모두 노트에 적거나 휴대폰에 메모하며 목록을 작성해보라. 잠시 동안 그것에 대해 생각해보라. 기억이 나는가? 무엇에 관해 기도했는가? 하나님께 무엇을 해달라고 간청했는가?


## 우리의 기도는 너무 안전하고 평범하다

이제 정직하게 대답해보라. 만일 지난 일주일간 당신이 했던 모든 기도를 하나님이 수락해주셨다면 세상이 어떻게 달라졌겠는가?

당신의 기도들이 평범하고 안전한 것들이었다면, 아마도 당신은 좋은 하루를 보내고, 안전하게 목적지에 도착하고, 혹은 축복받은 더블치즈버거와 감자튀김과 다이어트 콜라를 즐겼을 것이다.

혹 당신이 모험을 하듯 조금 더 큰 기도를 했다면, 실제로 준비가 안 되어 있었어도 직장에서 프레젠테이션을 잘 해냈거나 새로운 고객을 얻었을 것이다. 어쩌면 붐비는 쇼핑몰 주차장에서 하나님께 구한 맨 앞줄 주차 자리를 얻었을 것이다. 또는 어쩌면, 정말 어쩌면 복권에 당첨되었을지도 모른다.

정직하게 대답해보라. 만일 지난 일주일간 당신이 했던 모든 기도를 하나님이 수락해주셨다면 세상이 어떻게 달라졌겠는가?

지난 몇 년 동안 내가 기도를 점검했다면 그 결과는 아마 형편없었을 것이다. 만일 하나님께서 일주일간 내가 구한 것을 다 이루어주셨대도 세상은 많이 달라지지 않았을 것이다. 솔직히 몇 주 동안 아무것도 기도하지 않은 적도 있다. 어떤 때는 몇 주 동안 기도를 하긴 했어도, 모두 나에 관한 기도들이었고 그것은 큰 계획 안에서 많은 변화를 일으키지 않는다.

나의 기도들은 너무 안전했다.

나는 우주의 창조주이자 그 우주를 지탱하시는 분께 가까이 다가갈 수 있었다. 스스로 계신 분. 알파와 오메가. 처음과 나중. 전능하시고 늘 계시며 모든 것을 아시는 하나님, 하늘에서 불을 보내시고 굶주린 사자의 입을 닫으시며 성난 폭풍우를 잠잠케 하실 수 있는 하나님이시다. 그런데 내가 그분께 구한 것은 고작 나를 안전하게 지켜주시고 하루를 잘 보내도록 도와달라는 것뿐이었다.


## 주여, 우리를 흔들어주소서

그러던 어느 날 프랜시스 드레이크(Francis Drake)가 쓴 기도문을 우연히 발견했다. 그는 1540년부터 1596년까지 살았던 영국의 선장이었다. 그의 기도는 나를 매우 혼란스럽게 했다. 그것은 하기 쉬운 기도가 아니었고 분명 안전하지 않았다. 이 위험한 기도는 내가 더 멀리 나아가도록 도와주었고, 안전하게 관성으로 움직이는 데서 믿음으로 날아오르게 해주었다.

우리가 함께하는 시간이 끝나가는 이 시점에, 잠시 시간을 내어 드레이크의 글을 천천히 읽어보길 권한다.

주여, 우리를 흔들어주소서.
우리가 자신에게 너무 만족하고 있을 때

우리의 꿈이 너무 작아서 그 꿈들이 성취되었을 때
우리가 너무 해안과 가까이 항해해서 무사히 도착했을 때


주여, 우리를 흔들어주소서.
우리의 소유가 풍부해서 생명수에 대한 갈증을 잃었을 때
삶을 너무 사랑해서 영원한 생명을 꿈꾸지 않게 되었을 때
우리의 노력으로 새 땅을 건설하려 하다가
새 하늘에 대한 비전이 흐릿해져 버렸을 때


폭풍우가 주님의 위엄을 드러낼 더 넓은 바다로
더욱 담대히 나아가도록 우리를 흔들어주소서.
육지가 보이지 않는 곳에서
우리는 별들을 발견할 것입니다.
우리 희망의 수평선을
더 뒤로 밀어주시고,
힘과 용기와 소망과 사랑 안에 있는 미래를
더 뒤로 미뤄주시기를 간구합니다.


우리의 선장이신 예수 그리스도의 이름으로 기도합니다.
아멘!²

그리고 하나님은 그 일을 하셨다. 그분은 나를 흔드셨다.

몇 년 동안 나는 정말로 방해받는 것이 싫었다. 하지만 좀 더 위험한 기도들을 드린 후, 하나님의 부드러운 자극들이 정기적으로 나의 자기중심적인 계획들을 방해하고 하나님께서 나를 그분의 영원한 뜻을 향해 인도하신다는 것을 알게 되었다. 하나님은 내가 원하는 것에 제한되는 대신, 다른 사람들에게 좀더 관심을 갖고 하나님이 원하시는 것을 생각하도록 도와주셨다. 나는 안락한 삶을 갈망하는 대신, 매일 믿음의 행위들을 통해 다른 사람들의 필요를 섬기는 기쁨을 발견했다. 비록 하나님이 나를 깨뜨리시더라도, 나의 삶을 통제하려 하기보다는 매순간 그분을 신뢰하는 법을 배웠다.

나는 전혀 완벽하지 않다. 어떤 사람은 내가 전보다 더 불안정하다고 말할 것이다. 하지만 나는 하나님께 더 가까워졌다. 나의 믿음은 더 강해졌다. 나의 삶은 더 풍성해졌다. 나

2  Prayers for a Pilgrim Church Blog, "Disturb Us, Lord—A Prayer of Sir Francis Drake," blog entry by Danut Manastireanu, January 13, 2016, https://pilgrimchurchprayers.wordpress.com/2016/01/13/disturb-us-lord-a-prayer-of-sir-francis-drake/.

의 마음은 더 충만해졌다. 나는 하나님께서 당신 또한 흔들기 원하신다고 믿는다.


## 이제 안전하고 뻔한 기도는 그만

이 책의 끝에 이르렀다면 당신은 틀림없이 하나님과 당신의 관계에서 더 많은 것을 갈망하고 있을 것이다. 하나님을 알고, 하나님과 대화를 나누고, 하나님의 말씀을 듣고, 하나님께 인도받기를 갈망할것이다. 변화를 일으키고 싶을 것이다. 당신의 삶의 모습으로 하나님께 영광돌리기를 간절히 바랄 것이다.

이제 당신의 기도 방식을 바꾸어야 할 때이다.

온 힘을 다해, 열정적으로 하나님을 찾아야 한다. 안전하고, 편안하고, 너무 뻔하고, 하기 쉬운 기도는 그만두어야 한다. 용기를 내어 기도하고, 모험하며, 더 좋은 목적지를 향한 다른 길을 받아들여야 한다. 위험한 기도를 드리기 시작해야 한다.

> 이제 용기를 내어 기도하고, 모험하며, 더 좋은 목적지를 향한 다른 길을 받아들여야 한다.

이제 마음이 흔들려야 한다.

당신이 좀 더 투명하게 기도한다면 무엇이 달라질지 생각해보라. 더 큰 위험을 감수한다면. 그저 하나님이 당신을 위해 어떤 일을 해주시기를 바라는 대신 하나님이 당신 안에서 하실 일들을 좀 더 순순히 받아들인다면. 당신이 좀 더 담대한 기도를 드리면 어떨까? 좀더 큰 꿈을 꾼다면? 담대하고 자기를 버리는 믿음으로 무모하게 예수님을 좇는다면?

용기를 내어 하나님께 당신을 살펴달라고 간구하라. 하나님이 당신의 마음을 아시고, 당신의 영혼 안에 악한 것이 있는지 보시게 하라. 당신을 그분의 계획으로 인도해주시게 하라. 그렇게 할 때 아마 하나님께서 당신의 마음속에 있는 어두운 구석을 드러내시고 그분의 영광스러운 빛으로 그것을 변화시키실 것이다. 그리고 당신은 결코 전과 같지 않을 것이다.

또는 하나님께 당신을 깨뜨려달라고 담대히 기도하는가? 틀림없이 그것은 두려운 일이다. 지금 바로 하나님의 음성을 듣지 못할지도 모른다. 그러다 어느 날, 하나님이 그 위험한 기도에 응답해주실 것이고 그 깨뜨림은 당신이 상상한 것보다 더 고통스러울 것이다. 그러나 그 고통의 이면에 하나님 임재의 친밀함과 힘, 하나님의 선하심에 대한 흔들리지 않는 확신이 있다. 당신은 다시는 그 깨뜨림을 경험하고 싶지 않겠지만 당신의 깨어짐을 통해 하나님이 당신 안에 하신 일을 결코 바꾸려 하지도 않을 것이다.

## 크고 담대한 기도로 새로운 믿음의 삶을 시작하라

당신은 달라질 것이다. 당신의 믿음은 더 깊어질 것이다.

당신은 하나님의 것이다. 하나님은 당신의 것이다(시 100:3).

일단 하나님을 잘 알게 되면, 어서 그분이 당신을 보내주시기를 원할 것이다. 섬기고 사랑하고, 보살피고 나누고, 용서하고 치유하는 그분의 목적을 위해 당신을 사용해주시기를 원할 것이다. 하나님께 보냄을 받은 당신은 불의에 맞서고, 잘못을 바로잡으며, 다른 사람의 필요를 채워줄 것이다. 하나님이 영광을 받으실 것이다. 다른 사람들의 삶과 마음이 변화될 것이다. 그리고 당신은 자신이 하나님께 순종하고 그분의 사랑을 나타내었음을 알게 될 것이다.

편안함에 집착하는 대신, 당신은 소명을 위해 살게 될 것이다. 하나님은 당신을 안전지대에서 벗어나 더 멀리 나아가게 하실 것이고, 당신은 사람들이 예수님을 알도록 이끌 것이다. 어쩌면 어느 날에는 하나님이 하늘에서 당신의 믿음 충만한 부르짖음을 들으시고 이 땅에서 암에 걸린 사람을 치유해주실 것이다.

어쩌면 당신이 하나님께 말씀드리고 있을 때 하나님도 당신에게 말씀하실 것이다. 당신의 안전지대에서 나오도록 하나님이 당신을 자극하시면, 아이를 입양하는 것에 대해 처음으로 진지한 논의를 하게 될지도 모른다. 또는 하나님의 음성에 순종하여 누군가에게 식료품을 사줄 것이다. 혹은 성령의 설득에 따라 교회의 선교여행을 가기로 결단할 것이다.

무엇이 됐든 간에, 당신의 삶은 같은 곳에 머물러 있지 않을 것이다. 당신이 위험하게 기도할 때 당신의 삶은 같은 자리에 머물러 있을 수가 없다.

**당신이 위험하게 기도할 때 당신의 삶은 같은 자리에 머물러 있을 수가 없다.**

당신이 정말로 세상에 변화를 가져오기를 원한다면 하늘로부터 오는 능력이 필요하다. 당신의 삶이 중요해지기를 원한다면 크고 용기 있고 담대한 기도를 드려야 한다.

하나님을 찾고 큰 꿈을 꾸라. 실패를 두려워하지 말라. 이제는 모험을 해야 할 때이다. 신뢰하고, 용감하게 도전하고, 믿어라. 당신의 삶이 항상 안전하다고 느껴지지는 않을 것이다. 그리고 믿음이 필요할 것이다. 그러나 믿음이 없이는 하나님을 기쁘게 해드릴 수 없다.

당신은 무엇을 기다리고 있는가?

책을 덮어라.

당신의 마음을 열어라.

하나님께 부르짖어라.

기도하라.

**프롤로그**

1  지난주 당신의 기도 생활에 점수를 매긴다면 1부터 10까지(1은 애
   처로울 만큼 궁색한 것을 나타내고 10은 열정적으로 믿음이 가득한 것
   을 나타낸다) 중에서 어디에 해당하며, 그 이유는 무엇인가?

2  어떻게 기도가 당신에게 쉬운 일이 되었는가? 언제 기도가 좀 더 힘
   든 일이라는 것을 알게 되었는가? 그 이유는 무엇인가?

3  당신이 성장하는 동안 기도는 당신 삶의 한 부분이었는가? 그렇다
   면 어떤 역할이었는지 설명해보라.

4  기도해야 한다는 것을 알지만 하기 두려운 위험한 기도가 있는가?
   그것에 대해 솔직하게 이야기해보라.

5  하나님께서 당신의 기도 생활 중 한 영역에서 당신이 성장하도록
   도와주셨다면, 그것이 무엇이라고 생각하며 그 이유는 무엇인가?
   설명해보라.

## 1부 : 나를 살피소서

1 많은 사람이 자신은 '착한 마음'을 가졌다고 말하거나 그렇게 믿을
것이다. 그러나 우리는 이 장에서 마음이 거짓되다는 것을 알았다
(렘 17:9).

당신의 마음이 당신이 해서는 안 되는 일을 하도록 이끌었던 때를
생각해낼 수 있겠는가? 당신은 무언가를 합리화했는가? 당신의 마
음이 어떻게 당신을 잘못된 방향으로 이끌었는가?

2 다윗은 어두운 곳에 있을 때 "하나님이여 나를 살피사"(시 139:23)
라는 위험한 기도를 드렸다. 하나님께 당신을 살펴달라고 간구한
적이 있는가? 없다면 그 이유는 무엇인가? 있다면 하나님께서 당신
에게 무엇을 보여주셨는가?

3 다윗은 하나님께 자신의 "불안한 생각들"을 드러내 달라고 간구했
다(시 139:23 참조). 당신은 어떤 근심이나 부담 때문에 불안한가?
당신을 압박하고 밤에 잠 못 들게 하는 것이 있는가?

4 우리는 또한 다윗이 하나님께 자기 안에 어떤 악한 것이 있는지 보
여달라고 용감하게 간구하는 것을 보았다(시 139:24 참조). 하나
님께 당신의 악함을 보여달라고 기도한 적이 있는가? 하나님께서
당신 안에서 깨끗하게 하거나 변화시키기 원하시는 것을 드러내신

적이 있는가? 그렇다면 무슨 일이 일어났는지 설명해보라.

**5** 다윗은 하나님께 "자기를 살펴달라"라는 위험한 기도를 드렸다. 그것은 곧 그를 이끄시고 걸음을 인도해달라는 기도였다. 당신이 기도한 후에 하나님께서 당신을 재촉하시거나, 당신에게 말씀하시거나, 어떤 일을 하도록 자극하신 적이 있는가? 아니면 설교나 찬양이나 친구를 통해 어떤 것을 보여주셨을 수도 있다. 하나님께서 당신을 인도하셨던 때에 관하여 이야기해보라.

### 2부 : 나를 깨뜨리소서

**1** 성경은 어떻게 고난이 우리를 더 강하게 만들고 하나님께 더 가까이 이끌 수 있는지를 거듭 보여준다. 당신이 힘든 일을 경험했으나 시련 속에서 하나님의 선하심이 당신과 함께하는 것을 알게 되었던 때를 이야기해보라.

**2** 2장에서 "축사하시고 떼어 이르시되 이것은 너희를 위하는 내 몸이니 이것을 행하여 나를 기념하라 하시고"(고전 11:24)라는 말씀을 보았다. 당신이 교회와 가까이 지냈다면 성찬식 또는 성만찬을 경험해보았을 것이다. 이 성찬식은 당신에게 어떤 의미가 있는가? 설명해보라.

**3** 어떤 사람은 하나님께 "자신을 깨뜨려달라"라고 간구하는 것이 세 가지 위험한 기도 중 가장 두려운 기도라고 말할 것이다. 하나님께 당신을 깨뜨려달라고 간청할 용기가 있다면, 그분이 하실 어떤 일이 두려운가? 만일 당신의 두려움이 정말 현실이 된다면 하나님께서 당신에게 어떻게 그분 자신을 보여주실 것이라 생각하는가?

**4** 깊은 고통을 경험하고 깨어진 후에 영적으로 더 강해진 사람을 알고 있는가? 하나님은 지금 그들을 어떻게 사용하고 계시는가?

**5** 당신을 깨뜨려달라고 하나님을 초청한다면 하나님께서 당신의 삶에서 무엇을 가장 먼저 제거하기 원하셨을 거라고 생각하는가? 하나님이 당신의 이기심을 깨뜨리실까? 아니면 교만을? 자기 만족을? 또는 다른 것을? 그것에 관해 이야기하고 그 이유를 설명하라.

### 3부 : 나를 보내소서

**1** 이 장에서 "내가 여기 있나이다 나를 보내소서"(사 6:8)라는 이사야의 기도를 보았다. 나는 때때로 이 기도를 드리기가 불안하다. 하나님이 나를 어디로 보내실지, 또는 무엇을 하라고 하실지 두렵기 때문이다. 공감할 수 있겠는가?

**2** 지금 바로 하나님께 굴복하여 자신을 온전히 맡기는가? 하나님이 이끄시는 대로 모든 일을 하고 있는가? 아니면 망설이고 있는가? 혹은 저항하고 있는가? 솔직히 이야기해보라. 하나님과 더 깊은 관계로 나아가도록 서로 격려하라.

**3** 이사야서 6장에서 선지자는 전에 한 번도 경험해본 적이 없는 하나님의 임재를 경험했다. 하나님의 임재를 경험하는 것을 생각하면 무엇이 떠오르는가? 하나님이 당신과 함께 계신 것을 느꼈는가? 그것은 매우 드문 경험인가? 아니면 자주 있는 일인가? 당신은 어떻게, 또는 언제 하나님을 가장 잘 경험하는가?

**4** 이 장에서 "당신이 먹이는 것은 성장하고 굶기는 것은 죽는다"라는 원칙을 살펴보았다. 진리로 당신의 영을 먹이는 것이 당신의 성장에 도움이 되었던 때를 묘사할 수 있겠는가? 하나님은 어떻게 당신에게 잘못을 극복하고 하나님과 더 가까워질 수 있는 능력을 주셨는가? 설명해보라.

**5** 믿음의 행위는 당신이 하나님과 더 가까워지도록 도와줄 수 있다. 최근에 하나님에 대한 믿음이 필요한 행동을 했다면 그것에 대해 이야기해보라. 어떤 일이 일어났는가? 당신은 무엇을 배웠는가? 어디든 하나님께서 "당신을 보내시도록" 할 준비가 되어 있는가?

## 에필로그

1 만일 하나님께서 지난주에 당신이 한 모든 기도를 들어주신다면 오늘 이 세상이 어떻게 달라질 것인가? 구체적으로 말해보라.

2 결론에서 프랜시스 드레이크의 기도문을 보았다. 그는 하나님께 "자신을 흔들어달라"라고 기도했다. 이 책을 읽고 나서 하나님께서 당신을 어떻게 흔드셨는가? 하나님은 당신의 기도 생활에 대해 무엇을 보여주시는가? 당신의 믿음에 대해서는?

3 "나를 살피소서, 나를 깨뜨리소서, 나를 보내소서"라는 세 기도 중 어떤 기도가 가장 하기 어려우며, 그 이유는 무엇인가?

4 그 세 기도 중 당신은 어떤 기도를 할 준비가 가장 잘 되어 있으며, 그 이유는 무엇인가?

5 우리는 세 가지 위험한 기도를 보았다. 그것에 대해 생각하다 보면 분명 다른 수많은 생각들이 떠오를 것이다. 만일 당신이 네 번째 위험한 기도를 추가한다면 그것은 무엇이며 그 이유는 무엇인가?

## 오늘 위험한 기도를 드리라

성경은 위험한 기도들로 가득하다. 다윗 왕, 사도 바울, 심지어 예수님도 자신만의 위험한 기도를 드렸다. 이 책의 서문에서 알게 되었듯이, 그들은 정직한 기도, 간절하고 열정적인 기도, 대담하고 진실한 기도를 드렸다. 그들 자신의 말로 "나를 살피소서, 나를 깨뜨리소서, 나를 보내소서"라고 기도했다.

성경의 위험한 기도들은 오늘 당신의 위험한 기도들을 위한 연료가 될 수 있다. 이사야의 목소리가 당신만의 기도를 발견하도록 도와줄 것이다. 에스더의 말이 당신 자신을 위한 신선한 단어들을 찾도록 도와줄 것이다.

다음은 성경에서 발견되는 위험한 기도들의 짧은 목록이다. 만일 당신이 기도하는 데 어려움이 있다면 이 기도들로 시작해보라. 그것들을 쭉 읽고 당신의 상황에 맞춰 적용해보라. 당신보다 먼저 하나님을 따랐던 이들의 말이 당신에게 영감을 주고, 또 당신 자신의 말을 찾도록 도와줄 것이다.

## 기도로 시작하기

예수님은 제자들에게 본을 보임으로써 기도를 가르치셨다. 그 본문은 지금 주기도문이라고 불린다. 당신은 정확히 이 구절을 당신 자신의 말처럼 기도할 수 있다. 그 말씀을 묵상하고 외워라. 아마 당신은 이미 이 기도의 많은 부분을 알고 있을 것이다.

> 그러므로 너희는 이렇게 기도하라 하늘에 계신 우리 아버지여 이름이 거룩히 여김을 받으시오며 나라가 임하시오며 뜻이 하늘에서 이루어진 것같이 땅에서도 이루어지이다 오늘 우리에게 일용할 양식을 주시옵고 우리가 우리에게 죄 지은 자를 사하여준 것같이 우리 죄를 사하여주시옵고 우리를 시험에 들게 하지 마시옵고 다만 악에서 구하시옵소서 나라와 권세와 영광이 아버지께 영원히 있사옵나이다 아멘 마 6:9-13

이 기도의 훌륭한 점은 "아멘"으로 끝낼 필요가 없다는 것이다. 그것은 제약이 없는 느낌이다. 당신은 이 말씀대로 기도한 다음, 아멘이라고 말하기 전에 당신의 마음에서 우러난 한두 문장을 하나님께 말씀드릴 수 있다.

## "나를 살피소서"라는 기도

시편 139편은 하나님 앞에 솔직하고 정직한 기도로, 하나님께 아무것도 감출 수 없음을 보여준다. 하나님께 당신의 마음을 열라. 그 기도를 당신 자신의 기도로 드려라.

> 여호와여 주께서 나를 살펴보셨으므로 나를 아시나이다 주께서 내가 앉고 일어섬을 아시고 멀리서도 나의 생각을 밝히 아시오며 나의 모든 길과 내가 눕는 것을 살펴보셨으므로 나의 모든 행위를 익히 아시오니 여호와여 내 혀의 말을 알지 못하시는 것이 하나도 없으시니이다 주께서 나의 앞뒤를 둘러싸시고 내게 안수하셨나이다 이 지식이 내게 너무 기이하니 높아서 내가 능히 미치지 못하나이다 … 하나님이여 나를 살피사 내 마음을 아시며 나를 시험하사 내 뜻을 아옵소서 내게 무슨 악한 행위가 있나 보시고 나를 영원한 길로 인도하소서 시 139:1-6,23,24

압박과 위험이 닥쳤을 때 "나를 살피소서"라고 외치는 다윗의 이 짧은 시편 말씀으로 기도하라.

> 여호와여 어느 때까지니이까 나를 영원히 잊으시나이까 주의 얼굴을 나에게서 어느 때까지 숨기시겠나이까 나의 영혼이 번민하고 종일토록 마음에 근심하기를 어느 때까지 하오며 내 원수가 나를 치

며 자랑하기를 어느 때까지 하리이까 여호와 내 하나님이여 나를 생각하사 응답하시고 나의 눈을 밝히소서 두렵건대 내가 사망의 잠을 잘까 하오며 두렵건대 나의 원수가 이르기를 내가 그를 이겼다 할까 하오며 내가 흔들릴 때에 나의 대적들이 기뻐할까 하나이다 나는 오직 주의 사랑을 의지하였사오니 나의 마음은 주의 구원을 기뻐하리이다 내가 여호와를 찬송하리니 이는 주께서 내게 은덕을 베푸심이로다 시 13편

## "나를 깨뜨리소서"라는 기도

예수님은 "나를 깨뜨리소서"라고 기도하는 것이 무엇을 의미하는지, 우리에게 본보기로 보여주셨다.

축사하시고 떼어 이르시되 이것은 너희를 위하는 내 몸이니 이것을 행하여 나를 기념하라 하시고 고전 11:24(최후의 만찬 때 하신 기도)

이르시되 아버지여 만일 아버지의 뜻이거든 이 잔을 내게서 옮기시옵소서 그러나 내 원대로 마시옵고 아버지의 원대로 되기를 원하나이다 하시니 눅 22:42(예수님이 잡히시던 밤에 하신 기도)

## "나를 보내소서"라는 기도

이사야 선지자가 하나님께 했던 위험하고 연약한 말들로

기도하라.

내가 또 주의 목소리를 들으니 주께서 이르시되 내가 누구를 보내
며 누가 우리를 위하여 갈꼬 하시니 그 때에 내가 이르되 내가 여기
있나이다 나를 보내소서 하였더니 사 6:8

하나님의 백성들을 보호하기 위해 자신의 목숨을 걸었던
젊은 여인, 에스더처럼 기도하라.

당신은 가서 수산에 있는 유다인을 다 모으고 나를 위하여 금식하
되 밤낮 삼 일을 먹지도 말고 마시지도 마소서 나도 나의 시녀와 더
불어 이렇게 금식한 후에 규례를 어기고 왕에게 나아가리니 죽으면
죽으리이다 하니라 에 4:16

할 수 있다면 시편 40편을 모두 읽고 기도하라. 이것은 성
경에서 믿기 힘든 장이다. 당신이 처한 상황들과 연관되는 구
절들을 큰소리로 읽으며 기도하라. 다윗은 "나를 보내소서!"
라고 말했다.

내가 많은 회중 가운데에서 의의 기쁜 소식을 전하였나이다 여호와
여 내가 내 입술을 닫지 아니할 줄을 주께서 아시나이다 내가 주의

공의를 내 심중에 숨기지 아니하고 주의 성실과 구원을 선포하였으
며 내가 주의 인자와 진리를 많은 회중 가운데에서 감추지 아니하
였나이다 시 40:9,10

## 고백의 기도

시편 32편은 고전적인 고백의 기도이다. 우리가 우리 죄를 자
백하지 않을 때 "뼈가 쇠하는" 것 같다. 그러나 하나님은 "변
함없는 사랑"으로 당신을 사랑하신다. 당신의 삶 속에 하나
님께 고백하지 않은 죄가 있다면 이 시편 말씀으로 기도하라.
자백하라. 당신이 무슨 일을 했든, "여호와를 신뢰하는 자에
게는" 하나님의 인자하심이 함께함을 믿을 수 있다.

허물의 사함을 받고 자신의 죄가 가려진 자는 복이 있도다 마음에
간사함이 없고 여호와께 정죄를 당하지 아니하는 자는 복이 있도
다 내가 입을 열지 아니할 때에 종일 신음하므로 내 뼈가 쇠하였도
다 주의 손이 주야로 나를 누르시오니 내 진액이 빠져서 여름 가뭄
에 마름같이 되었나이다 (셀라)
내가 이르기를 내 허물을 여호와께 자복하리라 하고 주께 내 죄를
아뢰고 내 죄악을 숨기지 아니하였더니 곧 주께서 내 죄악을 사하
셨나이다 (셀라)
이로 말미암아 모든 경건한 자는 주를 만날 기회를 얻어서 주께 기

도할지라 진실로 홍수가 범람할지라도 그에게 미치지 못하리이다 주는 나의 은신처이오니 환난에서 나를 보호하시고 구원의 노래로 나를 두르시리이다 (셀라)

내가 네 갈 길을 가르쳐 보이고 너를 주목하여 훈계하리로다 너희는 무지한 말이나 노새같이 되지 말지어다 그것들은 재갈과 굴레로 단속하지 아니하면 너희에게 가까이 가지 아니하리로다 악인에게는 많은 슬픔이 있으나 여호와를 신뢰하는 자에게는 인자하심이 두르리로다 너희 의인들아 여호와를 기뻐하며 즐거워할지어다 마음이 정직한 너희들아 다 즐거이 외칠지어다 시 32편

내가 소리 내어 여호와께 부르짖으며 소리 내어 여호와께 간구하는도다 내가 내 원통함을 그의 앞에 토로하며 내 우환을 그의 앞에 진술하는도다 내 영이 내 속에서 상할 때에도 주께서 내 길을 아셨나이다 내가 가는 길에 그들이 나를 잡으려고 올무를 숨겼나이다 오른쪽을 살펴보소서 나를 아는 이도 없고 나의 피난처도 없고 내 영혼을 돌보는 이도 없나이다 여호와여 내가 주께 부르짖어 말하기를 주는 나의 피난처시요 살아 있는 사람들의 땅에서 나의 분깃이시라 하였나이다 나의 부르짖음을 들으소서 나는 심히 비천하니이다 나를 핍박하는 자들에게서 나를 건지소서 그들은 나보다 강하니이다 내 영혼을 옥에서 이끌어 내사 주의 이름을 감사하게 하소서 주께서 나에게 갚아주시리니 의인들이 나를 두르리이다 시 142편

다윗의 최악의 순간들 중 일부는 사무엘하 11장과 12장에 기록되어 있다. 그의 죄들이 다른 사람들의 생명을 빼앗고 한 가족을 무너뜨렸다. 시편 51편은 그 사건들 이후 다윗의 고백을 기록한다. 당신이 무슨 일을 했든 간에, 이 시편 말씀을 가지고 기도로 하나님께 나아가라.

하나님이여 주의 인자를 따라 내게 은혜를 베푸시며 주의 많은 긍휼을 따라 내 죄악을 지워주소서 나의 죄악을 말갛게 씻으시며 나의 죄를 깨끗이 제하소서 무릇 나는 내 죄과를 아오니 내 죄가 항상 내 앞에 있나이다 내가 주께만 범죄하여 주의 목전에 악을 행하였사오니 주께서 말씀하실 때에 의로우시다 하고 주께서 심판하실 때에 순전하시다 하리이다 내가 죄악 중에서 출생하였음이여 어머니가 죄 중에서 나를 잉태하였나이다 보소서 주께서는 중심이 진실함을 원하시오니 내게 지혜를 은밀히 가르치시리이다 우슬초로 나를 정결하게 하소서 내가 정하리이다 나의 죄를 씻어주소서 내가 눈보다 희리이다 내게 즐겁고 기쁜 소리를 들려주시사 주께서 꺾으신 뼈들도 즐거워하게 하소서 주의 얼굴을 내 죄에서 돌이키시고 내 모든 죄악을 지워주소서 하나님이여 내 속에 정한 마음을 창조하시고 내 안에 정직한 영을 새롭게 하소서 나를 주 앞에서 쫓아내지 마시며 주의 성령을 내게서 거두지 마소서 주의 구원의 즐거움을 내게 회복시켜주시고 자원하는 심령을 주사 나를 붙드소서 시 51:1-12

## 삶을 견딜 수 없을 때

이 시편은 당신의 고통과 기다림을 말로 표현해주며 당신에게 하나님의 놀라운 능력과 사랑을 상기시켜줄 것이다.

> 여호와여 내 기도를 들으시고 나의 부르짖음을 주께 상달하게 하소서 나의 괴로운 날에 주의 얼굴을 내게서 숨기지 마소서 주의 귀를 내게 기울이사 내가 부르짖는 날에 속히 내게 응답하소서 내 날이 연기같이 소멸하며 내 뼈가 숯같이 탔음이니이다 내가 음식 먹기도 잊었으므로 내 마음이 풀같이 시들고 말라버렸사오며 나의 탄식 소리로 말미암아 나의 살이 뼈에 붙었나이다 나는 광야의 올빼미 같고 황폐한 곳의 부엉이같이 되었사오며 내가 밤을 새우니 지붕 위의 외로운 참새 같으니이다 내 원수들이 종일 나를 비방하며 내게 대항하여 미칠 듯이 날뛰는 자들이 나를 가리켜 맹세하나이다 나는 재를 양식같이 먹으며 나는 눈물 섞인 물을 마셨나이다 주의 분노와 진노로 말미암음이라 주께서 나를 들어서 던지셨나이다 내 날이 기울어지는 그림자 같고 내가 풀의 시들어짐 같으니이다 시 102:1-11

예수님도 성경 말씀으로 기도하셨다는 사실을 알았는가? 그분은 십자가에 달리셨을 때 시편 말씀으로 기도하셨다. 삶을 견딜 수 없을 때, 예수님이 하셨던 것처럼 기도하라. 하나님 앞에서 솔직한 감정을 이야기하고, 당신의 영을, 즉 당신의 생명과 마음과 염려를 다 하나님께 맡겨라.

> 제구시쯤에 예수께서 크게 소리 질러 이르시되 엘리 엘리 라마 사박
> 다니 하시니 이는 곧 나의 하나님, 나의 하나님, 어찌하여 나를 버
> 리셨나이까 하는 뜻이라 마 27:46

> 예수께서 큰 소리로 불러 이르시되 아버지 내 영혼을 아버지 손에
> 부탁하나이다 하고 이 말씀을 하신 후 숨지시니라 눅 23:46

## 치유를 위한 기도

당신이나 혹은 당신이 아는 사람이 아프거나 육체적으로 어
려움을 겪고 있을 때 하나님께 부르짖으며 치유를 구할 수 있
다. 이 시편 말씀으로 기도하는 것을 고려해보라.

> 여호와여 내가 수척하였사오니 내게 은혜를 베푸소서 여호와여 나
> 의 뼈가 떨리오니 나를 고치소서 나의 영혼도 매우 떨리나이다 여호
> 와여 어느 때까지니이까 여호와여 돌아와 나의 영혼을 건지시며 주
> 의 사랑으로 나를 구원하소서 사망 중에서는 주를 기억하는 일이
> 없사오니 스올에서 주께 감사할 자 누구리이까 내가 탄식함으로
> 피곤하여 밤마다 눈물로 내 침상을 띄우며 내 요를 적시나이다 내
> 눈이 근심으로 말미암아 쇠하며 내 모든 대적으로 말미암아 어두워

졌나이다 악을 행하는 너희는 다 나를 떠나라 여호와께서 내 울음 소리를 들으셨도다 여호와께서 내 간구를 들으셨음이여 여호와께서 내 기도를 받으시리로다 시 6:2-9

바울은 육체적으로 고통받는 것이 어떤 것인지 알았다. 성경은 그가 매를 맞고, 돌로 맞고, 조난을 당하고, 여러 번 위기에 처하였다고 기록한다. 그의 말로 기도하고 하나님의 성령 안에서 새롭게 됨을 발견하라.

소망의 하나님이 모든 기쁨과 평강을 믿음 안에서 너희에게 충만하게 하사 성령의 능력으로 소망이 넘치게 하시기를 원하노라 롬 15:13

## 찬양의 기도

햇빛 속에서 이러한 기도를 드려라. 폭풍 가운데서 그 기도를 드려라. 힘든 날이나 좋은 날이나 그 기도를 드려라. 당신의 날들이 어떠하든 간에 "당신이 그분의 것"임을 기억하기 위해 그 기도를 드려라.

온 땅이여 여호와께 즐거운 찬송을 부를지어다 기쁨으로 여호와를 섬기며 노래하면서 그의 앞에 나아갈지어다 여호와가 우리 하나님 이신 줄 너희는 알지어다 그는 우리를 지으신 이요 우리는 그의 것이니 그의 백성이요 그의 기르시는 양이로다 감사함으로 그의 문에 들어가며 찬송함으로 그의 궁정에 들어가서 그에게 감사하며 그의 이름을 송축할지어다 여호와는 선하시니 그의 인자하심이 영원하고 그의 성실하심이 대대에 이르리로다 시 100편

때로는 삶의 형편이 너무나 추악하여, 하나님을 찬양하기 위해서는 우리 자신 밖으로 눈을 돌려야 한다. 자연 세계로 이끌려 들어가고 하나님의 말씀으로 돌아가기 위해 이 시편 말씀으로 기도하라.

하늘이 하나님의 영광을 선포하고 궁창이 그의 손으로 하신 일을 나타내는도다 날은 날에게 말하고 밤은 밤에게 지식을 전하니 언어도 없고 말씀도 없으며 들리는 소리도 없으나 그의 소리가 온 땅에 통하고 그의 말씀이 세상 끝까지 이르도다 하나님이 해를 위하여 하늘에 장막을 베푸셨도다 해는 그의 신방에서 나오는 신랑과 같고 그의 길을 달리기 기뻐하는 장사 같아서 하늘 이 끝에서 나와서 하늘 저 끝까지 운행함이여 그의 열기에서 피할 자가 없도다 여호와의 율법은 완전하여 영혼을 소성시키며 여호와의 증거는 확실하여 우둔한 자를 지혜롭게 하며 여호와의 교훈은 정직하여 마음을 기쁘게 하고 여호와의 계명은 순결하여 눈을 밝게 하시도다 여호와를 경외하는 도는 정결하여 영원까지 이르고 여호와의 법도 진실하

여 다 의로우니 금 곧 많은 순금보다 더 사모할 것이며 꿀과 송이꿀
보다 더 달도다 또 주의 종이 이것으로 경고를 받고 이것을 지킴으
로 상이 크니이다 자기 허물을 능히 깨달을 자 누구리요 나를 숨은
허물에서 벗어나게 하소서 또 주의 종에게 고의로 죄를 짓지 말게
하사 그 죄가 나를 주장하지 못하게 하소서 그리하면 내가 정직하
여 큰 죄과에서 벗어나겠나이다 나의 반석이시요 나의 구속자이신
여호와여 내 입의 말과 마음의 묵상이 주님 앞에 열납되기를 원하나
이다 시 19편

## 하나됨을 위한 기도

예수님이 당신을 위해 기도하셨다는 사실을 알았는가? 요한
복음 17장은 "나를 믿는 모든 사람들"을 포함하는 예수님의
기도를 기록하고 있다. 그것은 영과 목적의 하나됨을 위한 기
도이다.

내가 비옵는 것은 이 사람들만 위함이 아니요 또 그들의 말로 말미
암아 나를 믿는 사람들도 위함이니 아버지여, 아버지께서 내 안에,
내가 아버지 안에 있는 것같이 그들도 다 하나가 되어 우리 안에 있
게 하사 세상으로 아버지께서 나를 보내신 것을 믿게 하옵소서 내
게 주신 영광을 내가 그들에게 주었사오니 이는 우리가 하나가 된
것같이 그들도 하나가 되게 하려 함이니이다 곧 내가 그들 안에 있

고 아버지께서 내 안에 계시어 그들로 온전함을 이루어 하나가 되
게 하려 함은 아버지께서 나를 보내신 것과 또 나를 사랑하심같이
그들도 사랑하신 것을 세상으로 알게 하려 함이로소이다

요 17:20-23

## 목적이 있는 기도

바울은 기도할 때 목적을 가지고 기도한다. 그의 기도들을
보며, 그가 "…하도록"이라는 말을 얼마나 자주 사용하거나
암시하는지 보라.

이러므로 내가 하늘과 땅에 있는 각 족속에게 이름을 주신 아버지
앞에 무릎을 꿇고 비노니 그의 영광의 풍성함을 따라 그의 성령으
로 말미암아 너희 속사람을 능력으로 강건하게 하시오며 믿음으로
말미암아 그리스도께서 너희 마음에 계시게 하시옵고 너희가 사랑
가운데서 뿌리가 박히고 터가 굳어져서 능히 모든 성도와 함께 지
식에 넘치는 그리스도의 사랑을 알고 그 너비와 길이와 높이와 깊이
가 어떠함을 깨달아 하나님의 모든 충만하신 것으로 너희에게 충
만하게 하시기를 구하노라 우리 가운데서 역사하시는 능력대로 우
리가 구하거나 생각하는 모든 것에 더 넘치도록 능히 하실 이에게
교회 안에서와 그리스도 예수 안에서 영광이 대대로 영원무궁하기
를 원하노라 아멘 엡 3:14-21

이로써 우리도 듣던 날부터 너희를 위하여 기도하기를 그치지 아니하고 구하노니 너희로 하여금 모든 신령한 지혜와 총명에 하나님의 뜻을 아는 것으로 채우게 하시고 주께 합당하게 행하여 범사에 기쁘시게 하고 모든 선한 일에 열매를 맺게 하시며 하나님을 아는 것에 자라게 하시고 그의 영광의 힘을 따라 모든 능력으로 능하게 하시며 기쁨으로 모든 견딤과 오래 참음에 이르게 하시고 우리로 하여금 빛 가운데서 성도의 기업의 부분을 얻기에 합당하게 하신 아버지께 감사하게 하시기를 원하노라 골 1:9-12

내가 기도하노라 너희 사랑을 지식과 모든 총명으로 점점 더 풍성하게 하사 너희로 지극히 선한 것을 분별하며 또 진실하여 허물 없이 그리스도의 날까지 이르고 예수 그리스도로 말미암아 의의 열매가 가득하여 하나님의 영광과 찬송이 되기를 원하노라 빌 1:9-11

## 축복의 기도

우리 하나님은 인자하시고 은혜로우신 분이며, 사랑이 많으시고 자녀들에게 복 주기를 기뻐하시는 하늘 아버지이시다. 당신은 하나님과 대화하며 시간을 보낼 때 당신과 당신이 사랑하는 사람들을 축복해달라고 간구할 수 있다.

여호와는 네게 복을 주시고 너를 지키시기를 원하며 여호와는 그의

얼굴을 네게 비추사 은혜 베푸시기를 원하며 여호와는 그 얼굴을
네게로 향하여 드사 평강 주시기를 원하노라 할지니라 하라

민 6:24-26

야베스가 이스라엘 하나님께 아뢰어 이르되 주께서 내게 복을 주시
려거든 나의 지역을 넓히시고 주의 손으로 나를 도우사 나로 환난
을 벗어나 내게 근심이 없게 하옵소서 하였더니 하나님이 그가 구
하는 것을 허락하셨더라 대상 4:10

## 인도하심을 위한 기도

때로는 다음에 취할 최선의 조치를 아는 것이 정말 힘든 도전
이다. 하나님이 당신에게 무엇을 하게 하실지 확신이 없을 때
이 다윗의 말로 기도하라.

여호와여 나의 영혼이 주를 우러러보나이다 나의 하나님이여 내가
주께 의지하였사오니 나를 부끄럽지 않게 하시고 나의 원수들이 나
를 이겨 개가를 부르지 못하게 하소서 … 여호와여 주의 도를 내게
보이시고 주의 길을 내게 가르치소서 주의 진리로 나를 지도하시고
교훈하소서 주는 내 구원의 하나님이시니 내가 종일 주를 기다리나
이다 여호와여 주의 긍휼하심과 인자하심이 영원부터 있었사오니
주여 이것들을 기억하옵소서 시 25:1,2,4-6

내가 참으로 주의 목전에 은총을 입었사오면 원하건대 주의 길을
내게 보이사 내게 주를 알리시고 나로 주의 목전에 은총을 입게 하
시며 출 33:13

## 담대함을 구하는 기도

우리가 참으로 하나님을 사랑하더라도, 때로는 우리의 믿음
을 다른 사람들과 나누는 것이 망설여진다. 우리는 그들의
기분을 상하게 하길 원치 않거나 또는 그들의 모든 영적인 질
문들에 대답해줄 만큼 지식이 풍부하지 않기에 두려워한다.
우리가 주눅이 들거나 두려움을 느낄 때 다른 사람들과 나눌
수 있는 담대함을 달라고 하나님께 간구할 수 있다.

주여 이제도 그들의 위협함을 굽어보시옵고 또 종들로 하여금 담
대히 하나님의 말씀을 전하게 하여주시오며 손을 내밀어 병을 낫게
하시옵고 표적과 기사가 거룩한 종 예수의 이름으로 이루어지게 하
옵소서 행 4:29,30

## 구원과 도움을 구하는 기도

요나의 이야기를 알고 있다면, 이 기도가 많은 것을 시사한
다는 것을 알 것이다. 오늘 이 말씀으로 하나님을 찬양하라.
하나님은 당신을 구원하셨다. 구원은 하나님으로부터 온다!

## 그것을 널리 외치라.

내가 받는 고난으로 말미암아 여호와께 불러 아뢰었더니 주께서 내게 대답하셨고 내가 스올의 뱃속에서 부르짖었더니 주께서 내 음성을 들으셨나이다 주께서 나를 깊음 속 바다 가운데에 던지셨으므로 큰 물이 나를 둘렀고 주의 파도와 큰 물결이 다 내 위에 넘쳤나이다 내가 말하기를 내가 주의 목전에서 쫓겨났을지라도 다시 주의 성전을 바라보겠다 하였나이다 물이 나를 영혼까지 둘렀사오며 깊음이 나를 에워싸고 바다 풀이 내 머리를 감쌌나이다 내가 산의 뿌리까지 내려갔사오며 땅이 그 빗장으로 나를 오래도록 막았사오나 나의 하나님 여호와여 주께서 내 생명을 구덩이에서 건지셨나이다 내 영혼이 내 속에서 피곤할 때에 내가 여호와를 생각하였더니 내 기도가 주께 이르렀사오며 주의 성전에 미쳤나이다 거짓되고 헛된 것을 숭상하는 모든 자는 자기에게 베푸신 은혜를 버렸사오나 나는 감사하는 목소리로 주께 제사를 드리며 나의 서원을 주께 갚겠나이다 구원은 여호와께 속하였나이다 욘 2:2-9

# 위험한 기도

**초판 1쇄 발행**  2021년 6월 11일

**지은이**  크레이그 그로쉘
**옮긴이**  유정희

**펴낸이**  여진구
**책임편집**  최현수
**편집**  이영주 정선경 안수경 김도연 최은정 김아진 정아혜
**책임디자인**  마영애 조은혜 | 노지현 조아라
**기획·홍보**  김영하  **해외저작권**  기은혜
**마케팅**  김상순 강성민 허병용  **마케팅지원**  최영배 정나영
**제작**  조영석 정도봉  **경영지원**  김혜경 김경희

303비전성경암송학교 유니게과정  박정숙 최경식
이슬비전도학교 / 303비전성경암송학교 / 303비전꿈나무장학회  여운학

**펴낸곳**  규장

주소  06770 서울시 서초구 매헌로 16길 20(양재2동) 규장선교센터
전화 02)578-0003  팩스 02)578-7332
이메일 kyujang0691@gmail.com  홈페이지 www.kyujang.com
페이스북 facebook.com/kyujangbook  인스타그램 instagram.com/kyujang_com
카카오스토리 story.kakao.com/kyujangbook
등록일 1978.8.14. 제1-22

ⓒ 한국어 판권은 규장에 있습니다.
이 출판물은 저작권법에 의해 보호를 받는 저작물이므로 무단 전재와 무단 복제를 할 수 없습니다.

**책값**  뒤표지에 있습니다.
ISBN 979-11-6504-221-9 03230

## 규 | 장 | 수 | 칙

1. 기도로 기획하고 기도로 제작한다.
2. 오직 그리스도의 성품을 사모하는 독자가 원하고 필요로 하는 책만을 출판한다.
3. 한 활자 한 문장에 온 정성을 쏟는다.
4. 성실과 정확을 생명으로 삼고 일한다.
5. 긍정적이며 적극적인 신앙과 신행일치에의 안내자의 사명을 다한다.
6. 충고와 조언을 항상 감사로 경청한다.
7. 지상목표는 문서선교에 있다.

하나님을 사랑하는 자 곧 그의 뜻대로 부르심을 입은 자들에게는 모든 것이 合力하여 善을 이루느니라(롬 8:28)

Member of the
Evangelical Christian
Publishers Association

규장은 문서를 통해 복음전파와 신앙교육에 주력하는 국제적 출판사들의 협의체인 복음주의출판협회(E.C.P.A:Evangelical Christian Publishers Association)의 출판정신에 동참하는 회원(Associate Member)입니다.